LA NOUVELLE IMPOSTURE ÉCONOMIQUE

12 avenue d'Italie
75013 Paris
Tél. : 01 44 16 09 00
Fax : 01 44 16 09 01
Courriel : firstinfo@efirst.com
Internet : www.editionsfirst.fr

ISBN : 978-2-4120-1702-9
Dépôt légal : novembre 2013
Imprimé en Allemagne

Ouvrage dirigé par Laurent Boudin
Édition : Damien Bergeret
Correction : Florence Le Grand
Mise en page : Catherine Kédémos

Michel Musolino

LA NOUVELLE IMPOSTURE ÉCONOMIQUE

FIRST
Editions

SOMMAIRE

INTRODUCTION

Si l'on pendait les économistes qui se sont trompés, il n'en resterait pas un seul en vie, à commencer par le signataire de ces lignes.

Denis Clerc,
fondateur de la revue *Alternatives économiques*[1]

1. *Alternatives économiques*, février 2015.

Les experts qui dans les années 2000 ont construit le château de cartes des *subprimes* avaient calculé avec précision la probabilité que la finance connaisse une crise majeure. Ils estimaient que la crise avait autant de chance de se produire que de gagner vingt fois de suite le gros lot au loto. Après nous avoir chanté les louanges de la finance, du marché et de la main invisible pendant trente ans, ils ont effectivement gagné le gros lot, et se sont pris la main invisible en pleine figure.

On pouvait croire, ou du moins espérer, que la catastrophe aurait calmé l'impudence de cette cohorte d'économistes et d'experts. Que nenni. Au lieu de se couvrir la tête de cendres et de demander pardon les voilà qui recommencent, comme si rien n'était, à nous donner des leçons. En novembre 2008, alors que la panique boursière et la récession ravageaient le monde, la reine d'Angleterre visite la prestigieuse London School of Economics (LSE). Après avoir patiemment écouté les plus grandes sommités, elle n'a pas pu s'empêcher de poser une question : *How come nobody could foresee it* ? (Comment se fait-il que personne n'ait prévu ça ?) Sans être la reine d'Angleterre, qui ne s'est pas posé cette question ? Le *quidam* de la rue se doute bien qu'il y a quelque chose de pourri au royaume de l'économie. Ceux qui, comme nous, ont eu la lourde tâche de la comprendre et de l'enseigner pendant des années, en ont la certitude.

Nous avons au cours des dernières décennies vu défiler les erreurs, les tromperies, les fausses promesses. Ce qui au début aurait pu passer pour une pantalonnade s'est transformé en catastrophe, avec des *milliers de milliards* partis en fumée, des dizaines de millions de chômeurs supplémentaires ou, perfidie suprême, des dizaines de millions d'hommes qui, tout en travaillant, vivent dans la misère.

Certains ont tiré la sonnette d'alarme. Nous avons, pour notre part, publié en 1997 un ouvrage intitulé *L'Imposture économique*[2] qui démystifiait la pensée économique qui, déjà, dominait à l'époque. C'était dix ans avant la crise des *subprimes.* Aujourd'hui, vingt ans après, je peux relire ce livre sans avoir honte. Combien d'économistes peuvent dire la même chose à propos de ce qu'ils ont écrit non pas il y a vingt ans, mais il y a deux ans ou six mois ?

L'économiste britannique Joan Robinson disait qu'*étudier l'économie c'est apprendre à ne pas se laisser induire en erreur par les économistes.* La belle affaire. Faut-il jeter l'économie avec l'eau de l'intelligence ? C'est ce qui est actuellement en train de se passer. Lassés de tant d'erreurs et de mensonges les gens ont tout simplement arrêté d'essayer de comprendre. Le dégoût les a rendus obtus et ils se sont mis à voter Trump ou Le Pen.

2. Textuel, 1997.

Ce n'est pas l'économie qui est en cause. Ce qu'il faut dénoncer encore et toujours, c'est ce fatras de lieux communs et d'analyses soi-disant scientifiques, ce charabia indigeste qui cache l'idéologie de l'égoïsme, du chacun pour soi et du marché pour tous ; cette idéologie du sacrifice présenté comme seule issue par des riches de plus en plus riches à des pauvres de plus en plus pauvres.

Mais que l'on ne se méprenne pas. Si l'économie dominante est désolante, celle des « opposants » ne vaut guère mieux. Chez les opposants, il y a trois clans : celui des « c'était mieux avant », celui des « on n'est pas allés assez loin » et celui des « demain on rase gratis ». Trois voies sans issue. Les premiers regrettent le bon vieux temps du keynésianisme et des usines remplies d'ouvriers, les deuxièmes trouvent qu'il n'y a pas assez de marché et qu'il y a encore trop d'État. Les derniers surfent allègrement sur le malheur des gens et dressent des listes de boucs émissaires et d'improbables plans sur la planète. Le génie de Trump est d'avoir fait un raccourci extraordinaire de ces trois filons. Baissons les impôts, dressons des barrières et l'Amérique sera *great again.* Quel talent !

Dans cet ouvrage, nous voulons d'abord rappeler les échecs. La situation actuelle de nos pays n'est pas le résultat du hasard ou des caprices de la divine providence. Nous vivons dans un monde façonné, sciemment bâti par une pensée économique. Nous voulons ensuite montrer les méthodes du mensonge, de la perfidie et de l'ignorance, souligner les plus grossiers, démonter les plus perfides. En découvrir les sous-entendus scabreux.

Et surtout, que l'on ne nous accuse pas de nihilisme. Nous ne mangeons pas du pain des « tous pourris ». Bien au contraire. Nous aurons l'occasion de croiser chez certains économistes l'intelligence, la pertinence et le sens aigu de l'humanité. Ceux-là peuvent nous aider à sortir de l'âge obscur que nous traversons.

Il faut être économiste pour dénoncer les méfaits des économistes. Car leur argument massue est toujours « vous ne comprenez pas ». Effectivement nombreux sont ceux qui ne comprennent pas l'économie. Ils en subissent le poids et les infamies sans pouvoir réagir. Mais lorsqu'on a la chance d'avoir ne serait-ce qu'une petite maîtrise de la chose économique, quel spectacle lamentable nous offrent ces prétentieux !

CHAPITRE 1

La planète des singes

On leur parle toujours comme à des enfants obéissants,
à qui il suffit de dire : "il faut", et ils veulent bien le croire.
Mais surtout on les traite comme des enfants stupides,
devant qui bafouillent et délirent des dizaines de spécialisations
paternalistes, improvisées de la veille, leur faisant admettre
n'importe quoi en le leur disant n'importe comment ;
et aussi bien le contraire le lendemain.

Guy Debord[3]

3. *In girum imus nocte et consumimur igni*, Buchet-Chastel, 1990 ; réédition Gallimard, 1999.

En 1973, Burton Malkiel, un éminent économiste de l'université américaine de Princeton écrit : « Un singe aux yeux bandés, lançant des fléchettes sur les pages d'un journal financier, composerait un portefeuille d'investissement tout aussi performant que ne le feraient des experts. » Quelques années plus tard, le très sérieux *Financial Times* a tenté une expérience pour vérifier cette affirmation. N'ayant pas de singes sous la main, la rédaction a pris comme cobayes ce qui s'en rapprochait le plus : les journalistes eux-mêmes. L'expérience a, à peu de chose près, confirmé l'intuition de Burton Malkiel.

Plus récemment, le prix Nobel d'économie Daniel Kahneman, spécialiste de la finance comportementale, a médiatisé l'étude menée par le prévisionniste Philip Tetlock sur les prévisions de 284 « experts » professionnels dans le domaine économique et politique auxquels on avait demandé de se prononcer en 2005 sur la probabilité d'évolution de phénomènes ou de tendances comme l'inflation, la croissance, les conflits. Les quelque 80 000 prévisions ont été analysées plusieurs années après. Les résultats ont été ravageurs. En tirant des prévisions au sort, les experts auraient été plus performants. Pour Kahneman « plus on est expert, plus on est bardé de certitudes, incapable de modestie, d'esprit critique et d'ouverture aux événements nouveaux et imprévisibles. La célébrité de l'expert aggrave sa tendance à l'erreur : la notoriété le rend encore plus excessivement confiant en lui-même[4]. »

L'expert est quelqu'un qui, de par son travail et sa qualification, en sait plus que les autres dans son domaine. Un médecin, par exemple, fait des diagnostics et suggère des thérapies. L'expert en économie devrait aider à analyser les situations et à agir. Aider les entreprises, les États et les ménages dans leurs choix stratégiques et leurs investissements. L'économie est une discipline de l'action, elle est projetée vers l'avenir ; or, chaque fois que l'économiste se projette vers l'avenir, il se trompe. Et s'il ne se trompe pas, c'est par hasard.

Ce sont ces gens-là qui ont la lourde charge de nous *apprendre* l'économie.

L'expert et le journaliste : l'aveugle, le borgne et leur royaume

C'est par la télévision que le commun des mortels entre en contact avec l'économie. Ici, l'expert s'est trouvé un partenaire idéal : le journaliste. Le journaliste économique a la lourde tâche d'expliquer au bon peuple des phénomènes qui ont rendu fous des générations de penseurs de talent. Certains le font honnêtement,

4. Daniel Kahneman, *Système 1 / Système 2 : les deux vitesses de la pensée*, Flammarion, 2012.

avec modestie et intelligence. La plupart en sont réduits malheureusement à des expédients qu'ils essayent de faire passer pour du professionnalisme. Tableaux avec quelques chiffres bien gros sur l'écran (avec des décimales qui n'ont aucun intérêt mais qui sont la preuve de son sérieux et de sa précision), des graphiques, des diagrammes… et l'arme fatale du journaliste qui n'a rien à dire : le micro-trottoir. On prend n'importe qui dans la rue et on lui demande s'il trouve que les prix ont augmenté, s'il fait confiance au ministre des Finances, s'il considère qu'il paye trop d'impôts ou s'il est inquiet de la montée du chômage.

Compte tenu de ses moyens limités, le journaliste lambda a recours à l'expert comme à une planche de salut. Leur connivence est totale au point que parfois ils confondent leurs rôles. Certains journalistes ont fini par se prendre pour des spécialistes et certains experts sont devenus de véritables « éditocrates », omniprésents dans les médias comme Jacques Attali ou Nicolas Baverez. Le couple que composent le journaliste et l'expert est éprouvé. Le ton est assuré, péremptoire. À n'importe quelle question il y a toujours une réponse rapide, affirmative. Aucun doute n'est jamais formulé sur les capacités de l'un ou de l'autre à comprendre les méandres de l'économie. Les doutes abondent, au contraire, sur la capacité des téléspectateurs à saisir les vérités dévoilées par l'expert. Celui-ci s'abaisse donc régulièrement à des simplifications pour le moins réductrices. On compare la dette de l'État à celle d'un ménage, alors qu'elles n'ont rien à voir. On utilise les mêmes images choc : « si on empilait de billets de 500 euros, la dette de la France ce serait l'Arc de triomphe », « chaque enfant qui naît en France a une dette de 30 000 euros », « en France on cesse de travailler pour l'État le 27 juillet ».

Les experts de l'économie devraient être sobres et techniques. Ils le sont souvent *ad nauseam*. Pourtant ils ont la fâcheuse tendance, allez savoir pourquoi, d'enrober leurs analyses d'une bonne dose de morale. Et quelle morale ! Ils parlent d'*assistés*, de gens qui ont *une préférence* pour le chômage, d'un pays qui vit *au-dessus de ses moyens*. Léon Bloy pourrait en tirer une nouvelle *apologie des lieux communs*. Un des ingrédients essentiels de ces interventions est un pessimisme épais et omniprésent. Un détail qui n'est pas anecdotique. La crise est arrivée à la télévision et dans les médias en 1973. Elle n'en est plus jamais partie. Régulièrement, on nous annonce l'arrivée d'une nouvelle crise, mais jamais on ne nous a annoncé *la fin de la précédente* ! Il en va de même pour la France : elle est en perpétuel déclin. En additionnant ses déboires des dernières décennies, son économie devrait être au niveau de celle du Botswana. Il y a effectivement un domaine dans lequel la France est derrière le Nigeria ou l'Irak : le niveau de l'optimisme. La France est un des pays les plus pessimistes du monde, nos experts de l'économie doivent y être pour quelque chose. Et c'est probablement là leur seule réussite.

Experts sur catalogue. À la télévision, on invite toute sorte d'experts, du conseiller en placements au prix Nobel d'économie. Les experts de la finance sont le tout-venant.

Tout le monde les connaît, ils sont intégrés dans nos téléviseurs comme les nouveaux décodeurs numériques. On pense par exemple à Marc Fiorentino, Philippe Dessertine, Nicolas Bouzou ou encore Marc Touati. Mais on est loin de la *haute définition.* On se souvient des prévisions catastrophiques de Marc Fiorentino, spécialiste de la navigation entre le journalisme économique et les affaires. En 2012, quelques mois avant le second tour de la présidentielle, il annonçait : « Le 7 mai, la France sera attaquée. Et mise à genoux. Dans la City et dans les plus grands *hedge funds* américains, c'est la veillée d'armes. On se prépare. Dans le calme mais avec une détermination froide et inquiétante. » « La Finance, à qui (Hollande) a déclaré la guerre, va se venger. Et ce sera d'une simplicité enfantine. Les taux français vont s'envoler. Les fonds spéculatifs, unis, vendront la dette française à découvert. Sans pitié[5]. »

Fiorentino s'étant quelque peu décrédibilisé, on lui a trouvé un jeune remplaçant : Nicolas Bouzou qui s'auto-définit sur son blog « *flying economist* ». Effectivement, Nicolas Bouzou vole, il plane même. En 2016 par exemple, sur le plateau du « 28 minutes » d'Arte, Nicolas Bouzou disserte sur la « destruction créatrice », la fameuse idée de l'économiste Joseph Schumpeter selon laquelle la croissance détruit des emplois et en crée d'autres. « En Californie, il y a beaucoup d'études qui le prouvent, on a créé beaucoup d'emplois, ça va vous faire rire, de profs de zumba, de moniteurs de plage. » Face à la

5. MonFinancier.com, 6 février 2012.

réaction goguenarde des autres invités, il s'exclame : « Ah vous les méprisez ! Moi je ne les méprise pas. » Il y a d'autres emplois que Nicolas Bouzou méprise en revanche, ceux de la fonction publique : « Quel raisonnement de bazar permet d'affirmer que créer des postes dans la fonction publique permet d'améliorer le bien-être d'une population ? Cela peut, dans certains cas particuliers, et dans certains secteurs particuliers, être le cas, mais ce n'est pas une règle générale au contraire. [...] Les chiffres sont cruels : la création de 100 emplois publics entraîne la disparition de 150 emplois privés[6]. » Les emplois d'infirmière qui détruisent des emplois de profs de zumba. Effectivement, c'est un raisonnement de bazar.

Au-dessus du commun des experts, on trouve la foule fournie des experts blasonnés : enseignants dans les meilleures écoles, chercheurs. Ils vivent de l'économie, respirent les mathématiques et se nourrissent de statistiques. On a eu, de gauche à droite sur la photo le trio Attali, Minc, Sorman. On a désormais, entre autres, Piketty, Daniel et Élie Cohen. Enfin, tout en haut se trouve l'élite : les prix Nobel, les chefs de file, les conseillers des puissants : ils alimentent de leur réflexion le FMI, l'OCDE, l'Union européenne, ou les banques, ou les journaux, du moins ceux qui ont encore les moyens de se payer leurs services. Leur parole est parole d'évangile. Paul Krugman, Joseph Stiglitz, Jean Tirole pour ne citer

6. « Ras-le-bol de Martine Aubry ! », Nicolas Bouzou, *Le Figaro*, 24 septembre 2015.

que les plus connus. Ceux-là aussi n'en sont pas à un exploit près. Attali n'a-t-il pas annoncé « une terrible inflation » comme issue des politiques mises en œuvre après la crise de 2007[7] ? Lorsqu'un journaliste taquin met ces experts face à leurs erreurs, ils ne se démontent pas. Ils persistent et signent. Le polytechnicien Patrick Artus répond ainsi au journaliste qui lui rappelait avoir déclaré en avril 2008 « la crise est finie » : « Je ne le regrette pas. Nous étions sur le point de nous en sortir, quand les États-Unis ont décidé de laisser mourir Lehman Brothers, ce que je ne pouvais évidemment pas prévoir. Sans cela, la crise serait effectivement passée[8]. » Les prix Nobel ? À tout seigneur tout honneur : le chapitre qui suit leur est entièrement consacré.

Les experts ami-ami

Les experts se trompent, mais ils s'exposent à un autre soupçon. Ils devraient avoir, outre leur « expertise », une qualité fondamentale : l'indépendance. Nos experts sont-ils indépendants ? On peut en douter. En dehors de leurs apparitions régulières à la télé, la plupart ont un autre métier. Ils travaillent, par exemple, pour des fonds d'investissement ou pour des banques, ils sont membres des conseils d'administration de grands groupes. Les universitaires et chercheurs théoriquement devraient

7. *La crise, et après ?*, Fayard, 2008.

8. *Libération,* 4 avril 2012.

être plus libres de leurs mouvements. Ce serait oublier qu'ils cumulent souvent leur activité pédagogique avec les métiers susnommés et que les universités, écoles et centres de recherche ont, eux aussi, leurs bailleurs de fonds, leurs mécènes, leurs parrains, leurs accointances. Après la crise de 2007, une des explications avancées de l'incapacité des économistes à voir venir la catastrophe a été l'ampleur de ces dépendances et de ces conflits d'intérêts. Malgré les débats internes musclés, les prestigieuses écoles d'économie françaises de Paris et Toulouse ont mis cinq ans à adopter un code déontologique imposant à leurs membres de déclarer les revenus venant du privé[9]. Laurent Mauduit a consacré un livre entier à la question : *Les Imposteurs de l'économie*[10]. Il y épingle sévèrement les meilleurs de nos penseurs économiques pour leurs rapports avec le monde des affaires et de la finance. La liste est fournie : d'Alain Minc à Patrick Artus, en passant par Jacques Attali, Jean-Hervé Lorenzi, Michel Aglietta, Élie et Daniel Cohen. Doit-on les bannir de la télé ? Bien sûr que non, mais on devrait les inviter au mieux comme témoins, *non comme des juges.* Bien entendu, ce qu'on voit dans les médias n'est que la pointe émergée d'un iceberg colossal. Le mal est partout présent. Y compris aux sommets des États.

En France, le Premier ministre dispose d'un Conseil d'analyse économique (CAE) qui a la tâche de l'éclairer

9. « Déontologie : code signé par l'École d'économie de Paris », Anne-Sophie Jacques, Arretsurimages.net, 13 juillet 2012.

10. *Les Imposteurs de l'économie*, Jean-Claude Gawsewitch, 2012.

sur les problèmes économiques. Le CAE a hébergé, depuis sa création en 1997, un nombre impressionnant d'économistes travaillant pour des banques. « Un tiers de ses membres sont des économistes de banques. Un autre tiers – dont son président délégué – est des académiques aux multiples casquettes, qui cumulent un poste universitaire avec des fonctions de conseil dans la banque et l'industrie, et des sièges aux conseils d'administration d'entreprises », écrit Romain Rancière, professeur à l'École d'économie de Paris. « On a vu, par exemple, un rapport traitant des conséquences de la crise pour la régulation financière corédigé par deux chefs économistes de grandes banques françaises[11]. » On connaît les multiples *proximités* de Goldman Sachs avec des hommes politiques de premier plan. Mario Monti, Romano Prodi anciens premiers ministres italiens, Mario Draghi, président de la BCE, les secrétaires au Trésor américain Henry Paulson et Robert Rubin ont tous travaillé pour Goldman. Si les banques peuvent se payer le concours d'hommes politiques d'un tel niveau, avec les économistes, elles n'ont qu'à se servir. Ils sont là pour ça.

Paul Jorion, un des rares économistes à avoir prévu la crise des subprimes, a la légèreté d'affirmer qu'il s'est fait embaucher par Countrywide Financial, une banque qui a été au cœur de la crise des *subprimes*, pour « être à ce poste d'observation privilégié quand la chute aurait

---

11. « Refondons le Conseil d'analyse économique », *Libération*, 28 mai 2012.

lieu »[12]. Paul Jorion est un homme qui a d'énormes qualités, mais là il en fait un peu trop. Il ne manquerait plus que José Manuel Barroso nous dévoile un jour qu'il est allé travailler pour Goldman Sachs pour être aux premières loges de l'ignominie financière.

Une page de pub. Les journalistes de leur côté sont redevables au moins de deux maîtres : les propriétaires de leur chaîne, et la publicité qui les fait vivre. Au-delà de la question de l'indépendance des journalistes, la publicité nous met face à un drôle de paradoxe. Si l'on réfléchit bien, depuis le même écran, les journalistes économiques et les pages de publicité nous parlent du même monde : celui de la production et de la consommation, des besoins et de leur satisfaction. Le lecteur conviendra que le ton des uns et des autres est comparable sur plus d'un point : style péremptoire, recherche du mot qui fait mouche, même tendance à la simplification et même tendance à prendre le téléspectateur pour un crétin. Pourtant quelque chose diffère profondément. Si l'économie des journalistes aboutit inévitablement à la morosité, si ce n'est au catastrophisme, celle de la publicité n'en finit pas de nous faire miroiter la possibilité d'un bonheur si proche. D'autant plus que ces derniers temps la publicité est devenue moins naïve. Là où autrefois le corps d'une belle femme suffisait pour enchanter le spectateur, aujourd'hui on déballe tout un attirail très

12. *Penser l'économie autrement*, Paul Jorion et Bruno Colmant, Fayard, 2014.

new age de responsabilité, d'écologie, de solidarité. Et même de *made in France*. *La Marseillaise* pour vendre une Toyota, avouez qu'il fallait y penser ! Ce monde parfait est un monde sans faillite d'usines, sans chômage, sans racisme. Les agriculteurs s'enquièrent de la santé de leur terre avec les mains ; ils caressent leurs bêtes. Les énergies sont propres et les entreprises merveilleusement responsables. Les amis sont unis autour d'un camembert. Les parents, pourtant divorcés, préparent des repas équilibrés à leurs enfants dans une cuisine scandinave. Que l'on ne nous accuse pas de comparer des vessies et des lanternes : ces deux univers sont bien issus du même monde, des mêmes motivations, de la même idéologie. Guy Debord a autrefois dénoncé le *spectacle* qui règne en maître dans nos sociétés. Tout le monde comprend ce que cela signifie par rapport à la publicité, à la mode, voire à la politique. Debord a compris, dans sa grande perspicacité, qu'il existait aussi un *spectacle du malheur*.

Ainsi le rêve est permis mais seulement dans la sphère de la marchandise. En dehors d'elle, il est interdit de rêver. Les ténèbres de l'économie réelle et le strass et les paillettes de la publicité sont les deux faces d'un même monde. Et c'est la même idéologie qui finance et qui alimente ces deux formes de spectacle. Mais au-delà des accointances et de la consanguinité, ce qui frappe chez l'immense majorité de ces gens, c'est leur religion commune, leur dévouement total au *dieu marché*. Porte-parole zélés du dogme dominant, le dogme libéral, ils ont un remède secret à tous nos maux : plus de marché, plus de flexibilité, moins d'État, moins d'impôts. La cohérence ? Pour quoi faire ? Moins d'État, oui, mais il faut que l'État sauve Alstom, qu'il y ait plus de policiers, plus d'infirmières, plus de place dans les prisons. Mais attention, ils ne parlent pas au nom d'une idéologie, ils parlent au nom de la *science.* Ajoutez à ce beau monde les renégats, qui il y a vingt ans passaient pour des gens de gauche et qui aujourd'hui prospèrent avec le salaire des banques et les faux-culs toujours prêts à cracher sur l'État tout en se régalant de ses largesses. L'économie à la télé, c'est vraiment le bal des bras cassés.

Impression soleil levant (ou couchant ?)

Il faudrait un ouvrage entier pour compiler les bêtises et les erreurs de nos journalistes et économistes confondus. Cela commence par la défaillance du vocabulaire, au manque de précision des mécanismes, sans parler des inévitables plantages de prévision et des analyses ubuesques. Combien de fois le mot « krach » a-t-il été mal prononcé ou orthographié[13] ? Combien de fois n'a-t-on présenté une baisse d'un taux de croissance comme une *baisse absolue* ? Combien de fois n'a-t-on entendu dire, après 2007, que *la seule bonne nouvelle, c'est la baisse des prix,* alors que le monde plongeait vers la déflation ? (voir chapitre 2). Combien de fois, enfin, a-t-on annoncé la sortie imminente de la Grèce de

13. « Les *crashs* boursiers » sur le site BFM business, 7 mars 2016.

l'euro, et combien de fois a-t-on assuré que le Brexit était impossible ?

Mais il n'y a pas que les erreurs patentes. Celles-ci, on les voit comme le nez rouge au milieu du visage des clowns. Il y a plus grave et plus perfide. C'est la manière de biaiser les problèmes, de mentir par petites touches à la manière des impressionnistes. L'impressionnisme tire son nom du tableau de Monet *Impression soleil levant* exposé à Paris en 1874 qu'on a appelé longtemps « impression soleil couchant » parce qu'il y avait un doute sur la course du soleil. Avec les économistes, c'est pareil : le flou artistique est chez eux une vocation ; chaque touche est une imprécision, chaque pointe de lumière n'éclaire que l'ignorance, et les ombres sont pleines de sous-entendus. Le tableau qui en ressort donne l'impression d'un soleil couchant. Si ce n'est qu'il ne se couche pas, et qu'il n'y a pas de soleil.

La casserole de l'affaire Tirole. Lors de la remise du prix Nobel d'économie à Jean Tirole, nos journalistes nous ont montré l'extraordinaire étendue de leur ignorance. TF1, *Libération, Les Échos, L'Express, Le Monde* ont salué le Français qui était récompensé pour ses travaux sur « la puissance des marchés ». Même le site du ministère de l'Éducation et de la Recherche a annoncé que « Le prix Nobel d'économie 2014 est attribué au chercheur et économiste Jean Tirole pour son analyse de la puissance du marché et de la régulation ».

Certains, bille en tête, sont partis à l'Attac en dénonçant des « cocoricos mal placés » : « Jean Tirole est récompensé pour “son analyse de la puissance des marchés” et ses recommandations en faveur d’une déréglementation dans les domaines de l’industrie, de la finance et du travail. » Et l’on a immédiatement pesté contre « le caractère inadapté et dangereux des analyses de Jean Tirole et du courant de pensée qu’il représente : un néolibéralisme dogmatique pour lequel la fonction économique essentielle de l’État est d’étendre la logique des marchés à l’ensemble des domaines de la vie sociale[14] ». Il est vrai que Jean Tirole est libéral, mais qui ne l’est pas aujourd’hui ? De là à le faire passer pour un disciple de l’école autrichienne, même le *Canard enchaîné* n’a pas osé. La Banque de Suède a récompensé Tirole pour « *his analysis of market power* ». Deux mots à traduire, messieurs les journalistes : *market power.* L’AFP l’a fait comme un mauvais élève de 3e et tout le monde a suivi. Il suffit d’aller sur Wikipédia pour comprendre que « market power » signifie pouvoir *de* marché et non pouvoir *du* marché. En clair, Jean Tirole a analysé le pouvoir que les entreprises exercent sur le marché et les moyens de le limiter par une régulation adéquate. Libéral oui, mais *moderato. Grosso modo,* nos journalistes ont compris exactement le contraire de ce qu’il fallait comprendre. *As usual.*

Un à peu près ravageur. En 2007, lors de l’interview de l’alors président de la République, Nicolas Sarkozy, par

14. « Prix Nobel d’économie : des cocoricos déplacés », ATTAC France, 13 octobre 2014.

Patrick Poivre d'Arvor, les téléspectateurs ont eu droit à cet échange[15] :

« Nicolas Sarkozy : Angela Merkel, c'est une personne tout à fait remarquable, un partenaire et une amie. Mais il y a une histoire allemande. Les Allemands se souviennent de l'époque où le mark ne valait rien et où chacun allait, avec sa brouette, remplie de billets qui ne valaient rien, échanger à la banque. C'est une histoire qui…

Patrick Poivre d'Arvor : C'était dans les années 1930, début des années 1930.

Nicolas Sarkozy : Exactement, au début des années 1930. »

Personne n'a relevé. Exactement, mon œil ! C'était au début, oui, mais des années 1920.

Entre 1920 et 1923, pour être précis, l'Allemagne a connu un moment exceptionnel d'hyperinflation. Au début des années 1930, la situation était totalement différente. La crise qui s'abattait sur le monde à ce moment-là était déflationniste, sévèrement déflationniste. Voilà comment on fait de l'économie, à la mode impressionniste. Pour la rigueur on reviendra. Que le lecteur comprenne bien. Il ne s'agit pas seulement d'une bourde ou d'une distraction. Un des « mystères » de l'économie actuelle tient en cette *confusion historique* dont les Allemands sont les premières victimes. Le chaos de l'entre-deux-guerres est symbolisé par l'hyperinflation, et certains considèrent que c'est elle qui aurait abouti à

15. France 2/TF1, 20 septembre 2007.

l'arrivée au pouvoir de Hitler. En réalité, l'hyperinflation s'est manifestée au début des années 1920, dix ans avant l'arrivée au pouvoir d'Hitler. Entre-temps, la crise de 1929 a été profondément déflationniste tout comme ont été radicalement déflationnistes les politiques suivies juste après la crise, qui en ont aggravé l'impact ravageur et qui ont ouvert la voie du pouvoir aux nazis.

L'ironie veut que ces politiques de *rigueur* dévastatrices ressemblent beaucoup à celles que l'on mène aujourd'hui. Alors pourquoi traiter l'histoire comme une mauvaise fille ? Si on la prend par-dessus la jambe, on risque de se faire tirer l'oreille. Si l'on veut barrer la route aux extrémismes, il vaut mieux être plus attentif aux leçons de l'histoire, sinon au lieu de les contrer on leur ouvre des boulevards. On pourra dire « PPDA n'est pas un économiste », c'est vrai, et Nicolas Sarkozy non plus, mais PPDA n'est pas le seul impressionniste ayant travaillé à la télé.

Le phénomène Lenglet. Autrefois, le regretté Coluche, a épinglé un journaliste qui était connu pour son ton de croque-mort : « Quand y a un avion qui s'écrase dans le monde, c'est sur les pompes à Roger Gicquel. » Aujourd'hui, chaque fois qu'un problème économique se présente, il échoit sur les mocassins de François Lenglet. François Lenglet est un des journalistes économiques des plus réputés. Omniprésent à la télévision, dans la presse et en librairie, il est réputé pour son sérieux, son franc-parler et ses dons de pédagogue. On le donne en exemple de ce qu'est aujourd'hui un bon journaliste économique. Mais le meilleur journaliste économique de la télé résiste-t-il à un *fact checking* à sa manière ? Commençons par la pertinence de ses prévisions. Dans *L'Expansion*, le 30 mai 1995, il nous annonçait tout guilleret : « Croissance : préparez-vous à trente ans de bonheur ». Douze ans plus tard, en 2007, Lenglet publie cette fois un livre au titre explicite : *La Crise des années 1930 est devant nous*[16]. Mais est-ce bien utile d'essayer de prévoir l'avenir ? Lenglet lui-même répond : « Autant le dire tout de suite : ces calculs n'ont aucun sens, c'est vraiment du n'importe quoi. D'abord un scénario si précis à quinze ans est sans objet : on ne sait même pas prévoir la croissance à six mois. Comment peut-on imaginer faire des plans pour 2030[17] ? » Lenglet n'en est pas à une contradiction près. Le 10 novembre 2016 sur France 2, à l'occasion de l'élection de Donald Trump, il découvre subitement que les USA ne vont pas si bien que ça, alors que pendant des années il a cité ce pays en exemple. À la même occasion, il compare allégrement Donald Trump et… *Delanoé* (*sic !*) Roosevelt. Face à Ségolène Royal, médusée, il affirme : « Roosevelt aussi était un populiste, lisez ses discours, il disait la même chose que Trump ! » Roosevelt, un grand populiste… De même, après avoir pesté des années contre les 35 heures qui plombent la France, il a consacré toute une émission au travail[18] – et miracle ! – il semble avoir compris un

16. *La Crise des années 1930 est devant nous*, Perrin, 2007.
17. RTL, 23 juin 2016.
18. « L'Angle éco », La fin du travail, France 2, octobre 2016.

certain nombre de banalités : notamment que le progrès technique permet de travailler moins, et que c'est là une des aspirations fondamentales de l'homme. Que la productivité a fait des bonds au cours des dernières décennies. Il conclut, en parlant des Pays-Bas, le pays où on travaille le moins au monde : « Travailler moins pour vivre plus ». Bravo Lenglet. Encore un effort pour être économiste. D'ailleurs, François Lenglet lui-même l'avoue : « Je ne suis pas économiste de formation, j'ai suivi des études de littérature à la Sorbonne [...] Ce que j'aime dans les chiffres, c'est découvrir des choses inattendues, d'aller contre les idées reçues. [...]. Je dirais que je pratique une forme un peu primitive de *data journalism*[19]. »

Les Manipulations du sapeur camembert. Lenglet est modeste, son « *data journalism* » n'est pas primitif, car il manie les schémas, les diagrammes, les graphiques comme personne. « C'est l'histoire du camembert devenu président. La fable d'un affable tenant dans son bec un diagramme », dit de lui *Télérama*[20]. Il a même recyclé une technique bien connue des peintres : l'anamorphose. La déformation des images pour en changer le sens. Entre manier et manipuler, il n'y a qu'un pas que Lenglet franchit souvent. Lors de l'émission « Des paroles et des actes » sur France 2, le 12 janvier 2012, François Lenglet,

19. *20 minutes*, 30 janvier 2012.

20. « François Lenglet, un journaliste qui compte », Virginie Félix, *Télérama*, 1er décembre 2012.

à l'époque directeur de BFM business, est face à Jean-Luc Mélenchon. Il affirme que « La part des salaires dans la valeur ajoutée a peu changé depuis 1950. » Il appuie ses dires sur un magnifique schéma où l'on voit l'évolution des salaires d'un côté, et des « profits et investissements » de l'autre. (Apprécions au passage l'amalgame profits-investissements, ce qui voudrait dire que tous les profits des entreprises sont investis en oubliant qu'une bonne part revient aux actionnaires qui en font ce qu'ils veulent...). Le schéma porte des pourcentages de 0 à 100 en ordonnées, et le temps en abscisse. Visuellement, ça ne fait pas un pli.

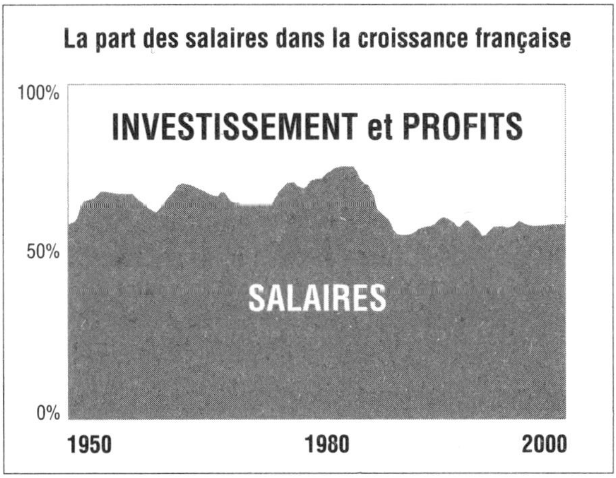

Source : BFM business

Monsieur Lenglet est un coquin. Effectivement la part des salaires dans la valeur ajoutée est à peu près le même qu'en 1950. Mais que s'est-il passé entre 1950 et aujourd'hui ? Les chiffres sont clairs : de 1950 à 1980, *grosso modo* pendant les Trente Glorieuses, la part des salaires n'a cessé d'augmenter (jusqu'à plus de 68 %), mais *depuis 1980 elle ne cesse de baisser*. Or, les années 1980 sont celles de la révolution conservatrice libérale qui a fait exploser les inégalités. C'est là que le problème se pose. N'importe qui sait ça, même sans avoir lu Piketty. Sans oublier que les inégalités ont explosé au sein même des salaires.

La ruse ici consiste à prendre une période très longue, et une échelle de pourcentages on ne peut plus large. Cet autre schéma décrit le même phénomène, sur une période plus pertinente et une échelle de variations plus lisible. Apprécions la différence.

Source : INSEE

Lenglet s'est-il trompé ? Il suffit de lire son dernier livre pour le savoir : « La part de la rémunération du travail dans la valeur ajoutée, c'est-à-dire dans le PIB, a chuté dans la plupart des pays du monde[21]. » Bravo Lenglet. Face à Benoît Hamon sur France 2, le 8 décembre 2016, il exhibe un magnifique graphique qui retrace l'évolution de l'emploi salarié en France. La courbe est croissante jusqu'en 2000-2002, ensuite elle se tasse. La raison ? Elle est inscrite sur le schéma : deux traits rouges coupent la courbe là où elle commence à se tasser : en dessous, il est écrit : « lois Aubry ».

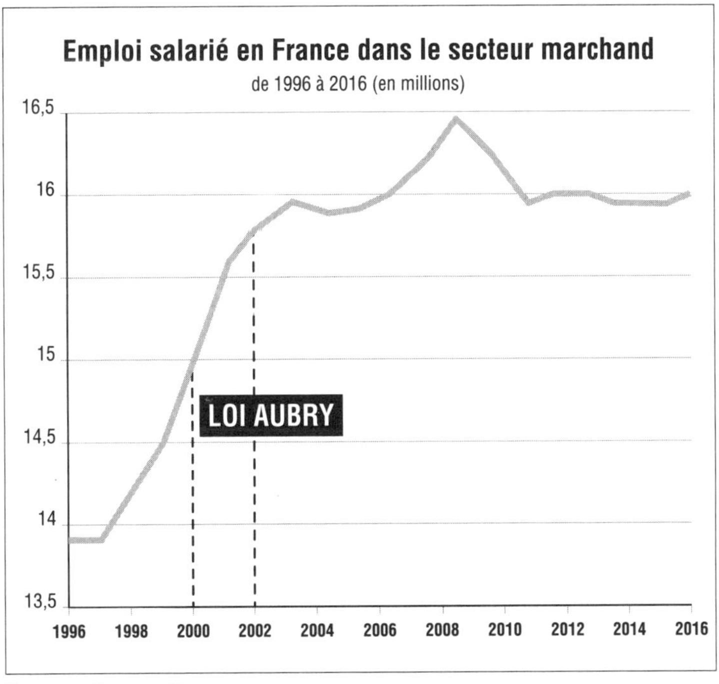

Source : France 2

21. *Tant pis ! Nos enfants paieront*, Albin Michel, 2016.

Aucun économiste sérieux ne peut analyser de manière définitive l'impact des lois Aubry sur l'emploi. Lenglet sait bien que c'est la baisse de la croissance, surtout avec la crise de 2008, qui a provoqué le tassement de la création d'emplois. Il le dit d'ailleurs dans l'émission. Ce schéma du FMI montre le lien évident entre croissance et chômage :

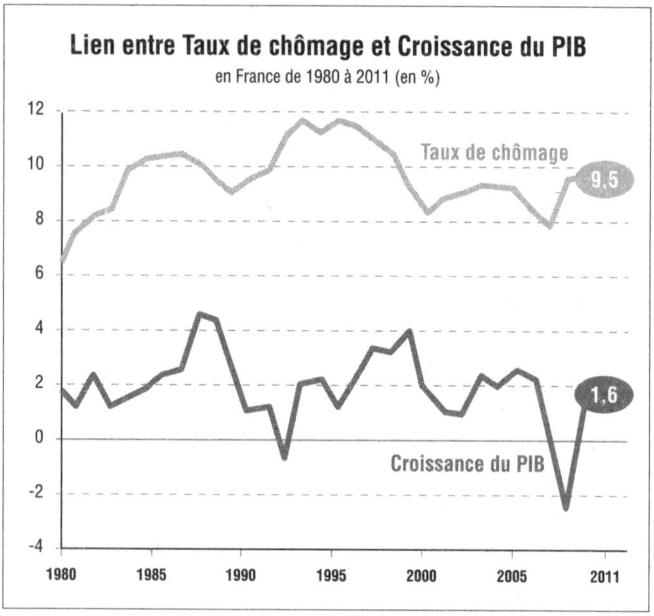

Source : FMI

Mais Lenglet utilise la force de l'image pour couper court à toute autre considération. L'idéologie remplace l'analyse. Les 35 heures ont cassé l'emploi. Un point, c'est tout.

Approximations. Mais revenons à l'impressionnisme. Lenglet est présenté comme un bon *pédagogue*. Un bon pédagogue en économie devrait être capable de simplifier ce qui est complexe, mais surtout de lutter contre les lieux communs qui pullulent en économie et faussent la compréhension… Au 20 heures de France 2[22], il affirme, à la fin d'une phrase, que Ford est à la base de l'idée qu'il faut augmenter les salaires pour augmenter la consommation. Voilà une idée simple que n'importe quel mauvais élève en classe de terminale maîtrise. Et alors ? Le problème, c'est que c'est faux. Ford a augmenté les salaires. Mais pourquoi l'a-t-il fait ? Si l'on escamote les mobiles, on risque *de ne rien comprendre à un siècle d'histoire économique.* Ford a augmenté les salaires parce que le travail à la chaîne qu'il a introduit dans ses usines en 1907 était repoussant, harassant, inhumain. Résultat inévitable, les usines Ford ont connu un turnover catastrophique. Après deux ou trois mois de travail, les ouvriers quittaient l'entreprise. Ford a augmenté les salaires tout simplement pour trouver des ouvriers disposés à travailler dans ces conditions. Pas pour qu'ils consomment. D'ailleurs, pendant la crise de 1929, au moment où des salaires « élevés » auraient eu un effet salvateur, Ford a fait comme tout le monde : il les a baissés.

Les salaires « élevés » ont une tout autre origine : les travaux de Keynes bien évidemment (et l'idée de salaire minimum), mais surtout le « compromis à trois » qu'État, syndicats et entreprises ont établi au début de l'après-guerre. C'est la généralisation du SMIC (en 1950

22. Journal télévisé, France 2, 29 mars 2016.

en France) qui a permis la consommation de masse. De ce flou artistique, Lenglet passe parfois à des jugements plus tranchés. Il se glisse même dans la tête des puissants pour nous révéler ce qu'ils pensent. Il écrit en 2010 : « La possibilité d'un éclatement de la zone euro est désormais envisagée, en particulier par Angela Merkel, la chancelière fédérale allemande. Si ce tabou a été levé, c'est parce que la sortie des pays les plus fragiles – la Grèce aujourd'hui, l'Espagne et le Portugal demain, peut-être l'Italie – est la seule solution acceptable pour l'Allemagne, alors que l'Allemagne est le seul pays à pouvoir aider les autres[23]. » « La seule solution acceptable pour l'Allemagne ». Bravo M. Lenglet. Nous sommes en 2017 et personne n'est encore sorti de l'euro. La seule solution acceptable serait un autre Brexit : la sortie de Lenglet du paysage audiovisuel français. Voilà ce qu'on peut dire de l'économie à la télé. En dehors, c'est encore pire.

23. « Crise de l'euro : éloge de la dévaluation », *La Tribune*, 23 mars 2010.

CHAPITRE 2

Les prix Nobel (aussi) se ramassent des pelles

Les hommes d'action qui se croient parfaitement affranchis des influences doctrinales sont d'ordinaire les esclaves de quelque économiste passé. Les visionnaires influents, qui entendent des voix dans le ciel, distillent des utopies nées quelques années plus tôt dans le cerveau de quelque écrivaillon de faculté.

John Maynard Keynes

Si la bêtise en économie n'était que le fait de quelques journalistes maladroits, cela ne serait pas bien grave. Elle est en réalité la fille légitime de la prétendue « science économique » établie. Les journalistes ne sont, dans le meilleur des cas, que les rapporteurs des travers des têtes pensantes de l'économie planétaire. Si la « science économique » était confinée dans quelques universités prestigieuses, ou enfermée dans la tour d'ivoire de quelques centres de recherche ésotériques, on pourrait se contenter d'en rire. Le problème est que, dans tous les pays, ces économistes siègent à la droite des puissants, et que rien ne se fait sans leur avis.

Le président des États-Unis, l'Union européenne, le FMI, l'OCDE et tous les gouvernements sont flanqués de bataillons de cervelles économiques pointues qui pondent des rapports, établissent les stratégies, dictent les consignes. Dans les rayons des supermarchés, on reconnaît les meilleurs produits aux labels qu'ils arborent. En économie, le label ultime de qualité, c'est ce qu'on appelle le « prix Nobel », une appellation usurpée puisqu'il s'agit en réalité du « Prix de la banque de Suède en mémoire d'Alfred Nobel » décerné à partir de 1968. Nobel n'avait pas prévu de prix pour les économistes. Il s'est contenté d'inventer la dynamite. Compte tenu de l'effet ravageur de leurs idées, les économistes sont dignes de cet héritage. Régulièrement, des membres du jury Nobel, des économistes et même le descendant de Nobel protestent contre ce prix – grassement financé par la banque centrale – qui accrédite l'idée selon laquelle l'économie est de fait une science au même titre que la physique.

L'enfer économique est pavé de prix Nobel

Rappelons quelques-uns des exploits de nos maîtres à penser l'économie.

Paul Samuelson (prix Nobel 1970) était considéré comme le maître absolu dans les années 1960 et 1970. De nos jours encore, on le considère comme un des plus grands économistes de tous les temps. Samuelson fut le meilleur représentant de ce que l'on appelait autrefois *l'économie de la synthèse*. Une sorte de libéralisme réchauffé à la sauce keynésienne. On lui doit (au moins) deux exploits. Il a d'abord répandu l'idée que la crise était devenue impossible. Dans son célébrissime manuel *L'Économique*[24], véritable bible pour des générations d'économistes, il affirme : « Nos systèmes économico-budgétaires modernes sont structurellement dotés de forces de stabilisation automatique très efficaces. Jour et nuit, que le président réside ou non à la Maison Blanche,

24. 1973 (Armand Colin, 1983, pour l'édition française).

le système budgétaire contribue, à la manière d'un rhéostat, à neutraliser les facteurs de déséquilibre. Si en 1975 *(sic !)*, une récession venait à s'amorcer pendant les vacances du Congrès, de puissantes forces automatiques entreraient immédiatement en action sans qu'il soit nécessaire de convoquer des commissions ni même, pour les pouvoirs publics, de se creuser la tête pour découvrir des solutions inédites. » On connaît l'histoire : le hasard a voulu que 1975 soit effectivement une année de récession mondiale. Depuis les gouvernements n'ont cessé de « se creuser la tête ». On attend toujours les « puissantes forces de stabilisation automatique ». Avec le même sens aigu de l'anticipation, Samuelson écrit encore dans l'édition 1989 de son manuel, l'année même de la chute du mur de Berlin : « L'économie soviétique prouve, contrairement à ce que beaucoup de sceptiques ont d'abord cru, qu'une économie socialiste peut fonctionner et même prospérer. » L'histoire tranchera.

Dans le domaine ô combien important du commerce extérieur, Samuelson a contribué à formuler le fameux « théorème HOS » (Heckscher, Ohlin, Samuelson) : une bête de course de la théorie économique qui a été à la base du développement des échanges dans l'après-guerre et que certains considèrent encore aujourd'hui comme le nec plus ultra de la théorie du commerce international. On l'appelle aussi théorème de *la dotation en facteurs de production :* un pays doit se spécialiser dans les productions pour lesquelles il est le mieux doté en facteurs de production. Petit problème : c'est en suivant son théorème que des dizaines de pays en développement se sont fourvoyés. En se spécialisant selon le théorème HOS, c'est-à-dire dans les matières premières ou les produits agricoles, ils ont eu la mauvaise surprise de constater que, vingt ans après, ils étaient devenus plus pauvres. Ils produisaient plus, mais gagnaient moins. Un malheur que l'économiste indien Jagdish Bhagwati a appelé la *croissance appauvrissante.* La raison est ce qu'on appelle la *détérioration des termes de l'échange.* C'est-à-dire l'évolution comparée des prix de ce qu'on achète et ce que l'on vend. Or, les pays en voie de développement achetaient des produits industriels, dont les prix augmentaient, et vendaient des produits agricoles dont les prix baissaient. Résultat : plus *ils* vendaient, plus ils devenaient pauvres. Plus *nous* vendions, plus nous devenions riches. Ce qui contredisait radicalement un autre dogme du modèle HOS : celui de la *réciprocité des avantages,* qui suppose que le commerce international profite à tous ceux qui y participent.

D'autres économistes sont heureusement venus rectifier le tir pour une meilleure compréhension du commerce international. Le Suédois Staffan Linder, par exemple, a souligné une évidence qui, tout en étant sous les yeux de chacun, était passée totalement inobservée aux yeux des économistes : l'essentiel des échanges se fait entre pays similaires et non, comme le sous-entend le fameux théorème HOS entre pays différents : l'Allemagne par exemple est le principal fournisseur et client de la France.

La théorie de la *remontée de la filière,* de son côté, affirme que les pays en développement doivent produire les *mêmes biens* que les pays développés. C'est effectivement ce modèle qu'ont suivi le Japon, la Corée ou la Chine. Le résultat a été autrement concluant. Les adeptes d'HOS ont digéré cette nouvelle stratégie en croyant que ces pays allaient éternellement produire des biens industriels, certes, mais de faible qualité (textile et jouets en plastique), et qu'ils allaient nous laisser les productions les plus rentables. Ils ont oublié que dans « remontée de la filière », il y a « remontée ». Quant à la légende des « avantages réciproques », Samuelson lui-même a dû faire amende honorable et a reconnu en 2004 que les échanges n'aboutissaient pas forcément à un résultat également positif pour toutes les parties prenantes.

Maître Friedman. Pour les libéraux, il n'y a pas plus grand économiste que Milton Friedman (prix Nobel 1976). Si Samuelson a été le maître des années 1960-1970, Friedman est le maître incontesté de la pensée économique depuis les années 1980. Aujourd'hui, tout le monde est friedmanien. Friedman est l'homme de la monnaie et de la libéralisation du marché. Son premier exploit, aujourd'hui un peu oublié, il le signe à la fin des années 1970 lorsqu'il réussit à imposer ses vues sur les marchés des changes. Ce fut la première victoire libérale, qui en annonçait bien d'autres.

Jusque-là, avec le système de Bretton Woods, les monnaies étaient tenues par des parités fixes. Avec la crise des années 1970 qui commence par les difficultés du dollar et continue avec le choc pétrolier, les États ont du mal à tenir les parités fixes. La spéculation animée par des capitaux fébriles se déplaçant de pays en pays met à rude épreuve les parités des monnaies. Friedman peste contre les contraintes du système. Il affirme que la spéculation, si on la laisse faire, est stabilisatrice, que les balances des paiements s'équilibrent automatiquement et que l'État ne doit pas s'encombrer du fardeau d'une coûteuse politique des changes. Il résumait ça d'une maxime animalière : « Laissons le chien remuer la queue plutôt que la queue remuer le chien. » Au diable les changes fixes, vive les changes flottants ! Il s'agissait, bien entendu, de laisser faire le marché.

On l'a écouté : à la fin des années 1970, le vieux système de Bretton Woods est abandonné. On connaît le résultat : le chien, devenu fou, n'a pas fini d'essayer de se mordre la queue… Les marchés des changes, loin de se stabiliser, ont connu une agitation permanente : les crises de change sont devenues permanentes : crise du système monétaire européen (1992-1993 et 1995) crise mexicaine (1994), crise asiatique (1997), Brésil, Russie (1998), Turquie (2000-2001), Argentine (1998-2002). Il n'y a pas eu de stabilisation automatique des balances, les réserves de change ont augmenté, et les pays n'ont pas fait l'économie d'interventions coûteuses sur le marché, bien au contraire. Loin d'être dégagés du souci monétaire, ils doivent en permanence se défendre contre l'arme monétaire utilisée comme une massue par leurs adversaires commerciaux. Le dollar augmente exagérément sous Reagan, mettant les pays consommateurs de pétrole dans le pétrin, puis il dégringole après 1986 redonnant aux États-Unis une compétitivité artificielle. Le yen augmente exagérément, et c'est la catastrophe pour le Japon ; le yuan reste artificiellement sous-évalué et favorise les exportations chinoises, au nez et à la barbe des gouvernements occidentaux. C'est le désordre permanent. Seule zone de stabilité, et pour cause, la zone euro. Euro auquel Friedman n'a jamais cru.

Mais ce désordre monétaire n'est rien par rapport au chaos économique provoqué par l'effacement de l'État. Car le chef-d'œuvre de Milton Friedman, c'est bien la mise à l'écart de l'État. Une idée que Reagan, son principal disciple, avait formulé en son temps de manière on ne peut plus explicite : « dans la crise actuelle, le gouvernement n'est pas la solution à nos problèmes ; le gouvernement *c'est* le problème ». Alors on a privatisé, on a libéralisé, on a déréglementé. On l'a fait sans limites et sans retenue. On connaît la suite. En 2007-2008, alors qu'une faille béante s'ouvrait sous les piliers de l'économie mondiale, tous les gouvernements ont fait la seule chose qu'ils pouvaient faire : ils ont jeté tout le poids de l'État dans le sauvetage d'urgence de l'économie en général, et des banques en particulier. Laisser faire le marché ? Sûrement pas. On a laissé une banque sombrer, Lehman Brothers, mais pas deux. Quel spectacle de voir ces friedmaniens nationaliser à tour de bras ! Eh oui, on a bel et bien *nationalisé*, mais à la mode *libérale :* l'État n'a récupéré que les dettes laissant la propriété, et les bénéfices, au privé. Lors de la seconde campagne électorale d'Obama, Joe Biden résumait le bilan du président en deux mots : « Ben Laden est mort et General Motors est vivant ». Oui, mais la nationalisation provisoire du géant automobile a coûté quelque 10 milliards à l'État qui a cédé toutes ses parts en 2010. Dommage, car depuis GM enchaîne des bénéfices record…

Un dernier point : Friedman, même s'il reconnaissait que l'État avait encore un rôle à jouer en matière monétaire, affirmait qu'on pouvait remplacer la banque fédérale et son président par un simple ordinateur n'ayant d'autre fonction que d'ajuster l'offre de monnaie aux besoins de l'économie. Le seul objectif que doit avoir une banque centrale est de lutter contre l'inflation, le mal (keynésien) du siècle selon Friedman. On a réussi. L'inflation a été battue à plate couture. En 2006, l'année de sa mort, Friedman disait encore : « la grande réalisation d'Alan Greenspan (le patron de la Fed entre 1987 et 2006) est d'avoir démontré que l'on peut maintenir des prix stables[25] ». On a certes battu l'inflation, mais on a fait le lit d'une crise déflationniste bien plus grave dont on n'arrive d'ailleurs pas à sortir depuis 2007. Car si l'inflation est la peste, la déflation, c'est le cancer généralisé : elle fait tout dégringoler : les prix, la production, l'emploi. Elle a un seul avantage : contrairement à l'inflation qui érode le capital (Keynes disait qu'elle était *l'euthanasie des rentiers*), la déflation valorise le capital et la rente. Depuis 2007, les disciples de Friedman mènent une politique désespérément

25. *Le Monde*, 22 décembre 2006.

inflationniste. Drôle de spectacle que de voir ces disciples invoquer le fléau dénoncé par leur maître et le rechercher ardemment.

La déconfiture de la finance. La catastrophe financière du début du XXIe siècle est probablement la plus terrible retombée de l'intelligence économique dévoyée. Tout au long des années 1990 et 2000, le jury de la banque nationale suédoise a couronné des économistes libéraux vantant l'économie de marché et explorant les méandres de la nouvelle finance à coups de modèles mathématiques impénétrables. La grande trouvaille du moment, c'était les mathématiques stochastiques : le rêve de mettre le hasard en équations et… à profit.

Parmi les lauréats de cette époque, on trouve les Américains Robert Merton et Myron Scholes pour leurs travaux sur le prix des produits dérivés. En collaboration avec Fischer Black (décédé avant le prix), ils ont mis au point la fameuse *formule Black-Scholes* permettant de calculer, à première vue facilement, la valeur des options, une des formes de produits dérivés à la Bourse. Les produits dérivés sont des *contrats à terme.* On fixe aujourd'hui le prix d'une transaction qui aura lieu demain. À l'origine, c'est une technique de protection contre le risque, à l'arrivée c'est devenu un outil spéculatif qui permet des plus-values explosives qui peuvent dépasser les 1 000 %. L'éloge du jury est dithyrambique : « Leur méthode a ouvert une nouvelle voie à l'évaluation économique dans de nombreux domaines. Elle a donné naissance à de nouveaux instruments financiers qui ont facilité une gestion du risque plus efficace. La nouvelle méthode d'évaluation des produits dérivés est assurément une des plus importantes contributions à la science économique des derniers vingt-cinq ans. »

Cette formule d'évaluation du prix des options a valu à ses inventeurs le prix Nobel d'économie en octobre 1997, et dès 1998, le prix mondial du *ratage* financier. Les deux génies se sont associés au financier John Meriwether, au sein de LTCM, un *hedge fund* spéculatif qui a fait des miracles grâce à l'utilisation des nouvelles techniques financières entre 1994 et 1997. Les plus-values sont affolantes (jusqu'à plus de 40 % par an) et les banques les plus puissantes viennent prendre part au festin. La crise asiatique de 1997 et la crise russe de 1998 font s'effondrer le château de cartes. LTCM creuse un trou de 117 milliards d'euros. Robert Merton dira : « *Stricto sensu,* il n'y avait aucun risque. Si le monde s'était comporté comme il l'avait fait par le passé[26]. » *Stricto sensu,* Merton et Scholes auraient dû utiliser le peu d'argent qui leur restait pour rembourser leur récompense du prix Nobel. Ce ne fut là qu'une répétition générale. Dans les années 2000, et sans que le krach Internet ne stoppe l'élan, ces techniques financières se généralisent. Elles s'enrichissent même. La *titrisation* et les produits dérivés se généralisent comme arme infaillible de limitation des risques.

26. Cité par Roger Lowenstein dans *When Genius Failed : The Rise and Fall of Long-Term Capital Management*, 2001.

Les mises en garde ne manquent pas. Le mathématicien français Benoît Mandelbrot, dans *Une approche fractale des marchés*[27] s'alarme de la généralisation d'outils apparemment simples à appliquer mais qui sont « totalement déconnectés de la réalité des marchés financiers ». Robert Schiller, professeur à Yale, consacre à la nouvelle situation sur les marchés un best-seller au titre explicite *Exubérance irrationnelle*[28]. Dans les deux éditions du livre, en 2000 puis en 2005, il réitère les mises en garde. On finira par lui donner le prix Nobel... en 2013, mais en mauvaise compagnie comme on va le voir.

Rien n'y fait, les autorités sont sous le charme des mathématiques stochastiques. En 2005, Alan Greenspan, président de la Fed, déclare : « Le développement de produits financiers comme les ABS, CDO et CDS[29] a facilité la dispersion du risque [...] Ces instruments de plus en plus complexes ont contribué au développement d'un système financier beaucoup plus flexible, efficient et résilient que celui qui existait encore il y a un quart

27. Odile Jacob, 2004.

28. Valor, 2000.

29. Rappelons que les *Asset Backed Securities* (ABS) et les *Collateralized Debt Obligations* (CDO) sont des produits titrisés ; les *Credit Default Swaps* (CDS) sont des produits dérivés. La « titrisation » consiste à créer des « paniers de titres » dans lesquels on mélange des titres plus ou moins risqués. Les CDO étaient des paniers de titres immobiliers, dans lesquels on avait dissimulé les fameux crédits *subprimes* très risqués. Dans leur folie de titrisation à outrance les banques ont créé des CDO « au carré » et « au cube ». C'est-à-dire qu'on avait des « paniers » de titres mais aussi des « paniers de paniers » et des « paniers de paniers de paniers ». Le tout mixé avec force fonctions stochastiques. Un extraordinaire château de cartes.

de siècle[30]. » C'est que tout le monde est convaincu que les marchés financiers, comme tous les autres marchés et peut-être plus que les autres marchés, s'autorégulent, et mènent inévitablement à l'optimum économique. En un mot, les marchés sont infaillibles comme l'affirme Eugene Fama, un des big boss de la nouvelle pensée libérale dans sa théorie des « marchés efficients » qui domine la réflexion économique depuis les années 1970. Ironie de l'histoire, Fama reçoit le prix Nobel en 2013 en même temps que Robert Shiller, au diable la cohérence... Dans cette hallucination collective, il faut rappeler les travaux du Français Olivier Blanchard, professeur au MIT et chef économiste du FMI et sa belle théorie des « bulles rationnelles ». Bulles rationnelles ? Oui, le marché est rationnel, même quand il ne l'est pas. *Où est le problème ?*

Le problème, certains l'ont bien vu. À quelques mois du déclenchement de la catastrophe Karl Case et Robert Shiller écrivent : « Il existe malheureusement un risque sérieux d'avoir une très mauvaise période, avec des ventes en baisse, des commissions qui fondent, de plus en plus de défauts de paiements, de sérieux troubles dans les marchés financiers et une possible récession plus rapidement que l'on imagine. La détérioration de la psychologie du marché immobilier est le facteur le plus incertain dans les perspectives actuelles. » Ils concluaient

30. Discours à la National Association for Business Economics, 12 octobre 2005.

par cette mise en garde « *Listen hard et watch out*[31] » (Dressez l'oreille et faites attention). Malgré ces mises en garde, 2007 sera l'année du grand effondrement. Les CDO, que les banques inventaient et se revendaient à crédit sont minées par la multiplication de faillites personnelles et de crédits non remboursés. Le problème est que les traders ont tellement *dilué* le risque qu'ils en ont contaminé tout le système bancaire. Du jour au lendemain, personne ne veut plus acheter de CDO. Les banques, qui en avaient truffé leurs bilans, sont en situation de faillite.

Revenons en France pour souligner, en passant, l'extrême clairvoyance de la jeune génération française d'économistes. David Thesmar est diplômé de Polytechnique, de la London School of Economics, et de l'EHESS. Il enseigne la finance à HEC. Augustin Landier est normalien, agrégé de mathématiques, titulaire d'un doctorat en économie du célèbre MIT, il a enseigné à l'Université de Chicago et à la Toulouse School of Economics. En 2007, l'année de la catastrophe, ils écrivent : « Grâce à des instruments innovants comme la titrisation et les dérivés de crédits, chaque risque de défaut, au lieu d'être porté par une seule banque, est ventilé par un grand nombre d'acteurs. [...] L'industrie financière a connu de véritables révolutions depuis la fin des années 1990 : sa résistance aux retournements de tendance s'est améliorée, réduisant les risques de système. Le danger d'une explosion financière, et donc

31. « Full House », *Wall Street Journal*, 30 août 2006.

le besoin de régulation, n'est peut-être pas si grand qu'on ne le pense[32]. » La même année, alors que le séisme était déjà en mouvement, ils publient tout un livre *Le Grand Méchant Marché : décryptage d'un fantasme français*[33] pour expliquer à ces ploucs de Français, bourrés de préjugés anticapitalistes, à quel point les marchés financiers sont merveilleux. On peut y lire notamment : « La sophistication, la concurrence et l'innovation sur les marchés financiers permettent une meilleure "digestion" du risque, qui est savamment découpé et littéralement vendu en tranches. » En récompense d'une œuvre déjà prometteuse, David Thesmar et Augustin Landier ont obtenu le Prix du meilleur jeune économiste de France. Le premier en 2007, le deuxième en 2014. On vous les sert comment ? Entiers ou *découpés en tranches* ?

L'aveu. Bon, tout cela, c'est du passé. Concentrons-nous sur la période plus récente. Quitte à retourner le couteau dans la plaie. En janvier 2013, Le FMI publie un rapport de 43 pages signé par une des sommités de l'économie planétaire, le susnommé Olivier Blanchard. Titre : *Growth Forecast Errors and Fiscal Multipliers* (erreurs de prévision de croissance et multiplicateurs fiscaux). De quoi s'agit-il ? Le FMI utilise pour ses travaux des modèles de prévision bâtis autour de mécanismes économiques fondamentaux. Un de ces mécanismes

32. « Le mégakrach n'aura pas lieu », Augustin Landier et David Thesmar, *Les Échos*, 27 juillet 2007.

33. Flammarion, 2007 et 2008

est le multiplicateur fiscal, hérité des travaux de Keynes. Les dépenses publiques ont un impact sur l'économie dans son ensemble. Si elles augmentent, la croissance augmente ; si elles diminuent la croissance baisse. C'est relativement simple. Le problème est de *quantifier* le coefficient multiplicateur. Le FMI avait retenu un coefficient de 0,5. En octobre 2012, une publication du FMI laisse entendre que, sur la période récente le multiplicateur pourrait être compris entre 0,9 et 1,7. Donc de deux à trois fois plus que le chiffre retenu pour établir les plans d'assainissement que le FMI a « conseillé » aux pays en difficulté. Une broutille.

Dans le rapport de janvier 2013, Blanchard avoue : « Nous avons constaté que, dans les économies avancées, les politiques rigoureuses de consolidation fiscale ont été associées à des taux de croissance plus faibles que prévu[34]. » Et alors ? Faute avouée à moitié pardonnée, pourrait-on dire. Et bien non. C'est comme si un médecin distrait avait prescrit une saignée au lieu d'une prise de sang. Le principe est le même, mais pas l'impact. La presse ne donne pas à la chose une grande importance. Certains journaux continuent de citer Blanchard comme un potentiel Nobel d'économie. Mais les rares journalistes qui comprennent l'énormité de la bévue sont ahuris. On peut lire dans *Marianne* : « L'aveu est incroyable, presque inimaginable. [...] Le directeur du département recherche du Fonds monétaire international, vient de

34. *Growth Forecast Errors and Fiscal Multipliers*, Olivier Blanchard et Daniel Leigh, janvier 2013.

publier un rapport dans lequel il avoue [...] que le FMI s'est trompé sur toute la ligne. [...] Les conséquences sont abyssales : en obligeant les gouvernements d'Europe du Sud à réduire drastiquement les salaires des fonctionnaires et les pensions des retraités, le FMI a fait plonger la demande intérieure deux à trois fois plus vite que prévu[35]. »

En quittant le FMI, Blanchard a cette réflexion inquiétante : « pendant les huit dernières années, j'ai eu à penser à trop de questions, avec trop peu de temps pour réfléchir en profondeur ». Mais Christine Lagarde le félicite : « Étant l'un des meilleurs macro-économistes au monde, Olivier a été au premier rang dans la réponse du Fonds à la crise financière internationale, déclenchant une refonte fondamentale de la pensée en matière de macro-économie qui influence toujours les milieux économiques et la politique[36]. » Merci pour ce moment, Olivier.

Des économistes qui Excel. Et ce n'est pas tout. Tout le monde a entendu parler de la gravité du problème de la dette. Dans le cas de la France, le spectre d'un endettement s'approchant dangereusement du fatidique taux de 100 % est agité par nos journalistes et hommes politiques préférés. Pourquoi 100 % ? Pourquoi ce chiffre est-il agité comme un épouvantail ? Cela ne tombe pas

35. « L'incroyable erreur des experts du FMI », *Marianne*, 18 janvier 2013.

36. « FMI : le chef économiste Olivier Blanchard s'en va », *La Tribune*, 14 mai 2015.

du ciel mais, comme d'habitude, des hautes sphères de la pensée économique. Un des piliers de la politique économique contemporaine est l'article fondateur que Carmen Reinhart et Kenneth Rogoff, deux économistes stars de Harvard, ont publié en 2010 : *Croissance en période de dette*[37]. Dans cet article, les auteurs « démontrent » qu'une dette supérieure à 90 % du PIB est un frein pour la croissance. Le succès de l'article a été instantané et planétaire. C'est *LA* référence des politiques d'austérité et de réduction de la dette partout pratiquées et ardemment défendues par les vulgarisateurs télévisuels. Or, un beau jour de 2013, un étudiant de l'université du Massachussetts refait les calculs. Il se rend compte que l'étude de Reinhart et Rogoff comportait plusieurs « boulettes ». D'abord, on avait « oublié » cinq pays dont la situation contredisait la thèse des auteurs (Australie, Autriche, Canada, Danemark et Belgique). Mais surtout, il découvre que le tableur Excel utilisé par Reinhart et Rogoff comportait une erreur de formule ! Et que se passe-t-il si on refait les calculs correctement ? La baisse de 0,1 % de la croissance devient... 2,2 % de hausse.

Le prix Nobel – clairvoyant, une fois n'est pas coutume – Paul Krugman, qui signe dans le *New York Times* une des tribunes les plus influentes au monde, commente l'affaire sous le titre « La dépression Excel » : « Beaucoup d'économistes ont indiqué que la corrélation négative entre la dette et les performances économiques ne signifiait pas que la forte dette provoquait la faible

37. *American Economic Review*, 2010.

croissance. Cela pourrait être facilement le contraire : les faibles performances provoquant de fortes dettes. C'est évidemment le cas pour le Japon, qui a vu sa dette exploser après que sa croissance ait plongé au début des années 1990[38]. » Vous avez compris ? Le problème n'est pas le logiciel de Microsoft. Le problème est qu'ils puissent inverser la cause et la conséquence sans jamais émettre le moindre doute, sans jamais questionner leur modèle. Une simple réflexion historique comme celle de Krugman aurait pu leur suggérer que ce n'était peut-être pas la dette qui provoquait la récession mais l'inverse. C'est un peu comme si l'on disait qu'il pleut parce que… on vend des parapluies !

Que nos économistes soient maladroits, c'est une chose. Ce qui est bien plus grave, c'est qu'ils utilisent des outils au-*dessous* de tout soupçon, truffés de logiques pour le moins douteuses. Les travaux de nos grosses têtes reposent sur des « modèles » qui essayent de reproduire la réalité à coups d'équations et de principes théoriques. Un des modèles les plus utilisés est le modèle DSGE (*Dynamic Stochastic General Equilibrium*). C'est un sous-produit de ce que l'on appelle savamment la TCR (théorie des cycles réels) dont Pierre Alain Muet, ancien président de l'Association française de science économique, disait qu'elle « frise parfois la pure et simple escroquerie ».

38. « The Excel Depression », Paul Krugman, *New York Times*, 18 avril 2013.

Un seul exemple pour illustrer la fiabilité du modèle. Une des hypothèses du modèle DSGE est ce que l'on appelle l'équation de consommation d'Euler. Cette « loi » dit que les ménages ont tendance à reporter dans le futur une partie de leur consommation en fonction du taux d'intérêt. Un taux d'intérêt élevé incite à épargner plus et consommer moins. C'est en réalité un des vieux dogmes de l'économie libérale. Des économistes sceptiques sont allés voir ce que cela donnait *en réalité*. Le résultat n'est pas décevant : non seulement l'équation ne représente pas bien la réalité, mais elle la renverse totalement. Les ménages ont tendance à augmenter leur consommation quand les taux d'intérêt sont plus élevés et à la diminuer quand ils sont plus faibles. Cela est probablement dû au fait que de taux d'intérêt élevés sont synonymes d'inflation. Or, quand les prix augmentent, paradoxalement, la consommation augmente. Tout simplement parce que les consommateurs *anticipent* les hausses de prix à venir. Cette mécanique a été parfaitement étudiée par Friedman et ses disciples.

Encore une fois, on marche sur la tête. Si les taux d'intérêt élevés poussent à la consommation, il est probable que des taux d'intérêt faibles ne la favorisent pas. Au cours des dernières années, les banques centrales n'ont eu de cesse de maintenir des taux d'intérêt extrêmement bas. Ils sont censés favoriser la reprise de l'investissement et de la consommation. On attend toujours.

CHAPITRE 3

L'insoutenable légèreté des hommes politiques

Nous sommes tous un peu négligents quelque part.

Christine Lagarde[39]

39. France 2, 11 décembre 2016.

L'un des phénomènes les plus marquants des dernières décennies est le triste destin des hommes politiques. La presse et l'opinion publique leur reprochent impuissance et médiocrité. À chaque consultation, les électeurs *sortent les sortants.* C'est vrai en France, où les derniers présidents n'ont laissé que le mécontentement et le sentiment de « la dégradation de la fonction présidentielle », mais le mal touche tous les pays. David Cameron au Royaume-Uni et Matteo Renzi en Italie ont été balayés par l'utilisation hasardeuse du référendum. Barack Obama aux États-Unis, malgré son aura et ses réussites économiques, quitte le pouvoir en ayant été incapable d'imposer durablement son système d'assurances sociales ou le contrôle de la vente d'armes à feu. Partout le populisme avance, jusqu'à gagner le pays phare de nos démocraties. Comment en est-on arrivé là ?

La perte de crédibilité de la classe politique n'est pas le fruit du hasard ou des seules circonstances. Les dernières générations d'hommes politiques ont renoncé à comprendre intellectuellement, et donc à maîtriser concrètement l'économie. Incapables de maîtriser ses mécanismes de plus en plus complexes, ils en sont réduits à appliquer des recettes élaborées par des experts ou des conseillers à la légitimité souvent douteuse. Ceux qui exercent le pouvoir ont démissionné face aux marchés et bradé l'extraordinaire patrimoine de l'économie publique ; ils s'étonnent aujourd'hui d'être à la tête d'un État faible et impuissant. Les autres avancent à tâtons en essayant de se faire porter par le vent des sondages : pour ou contre l'euro ? Pour ou contre la hausse des salaires ? Pour ou contre le protectionnisme ? Peu importe la direction du vent, il y aura toujours un économiste pour dire que c'est la bonne.

Les raisons de l'impuissance

Un patrimoine dilapidé. « Pressés par le besoin d'argent, les habitants de Byzance mirent en vente les enclos sacrés du domaine public. Ils vendirent encore les emplacements des marchands forains, puis le droit de pêche maritime et de commerce du sel et ils les imposèrent d'une redevance égale au tiers de leur recette. » Voilà ce que l'on peut lire dans *Les Économiques* attribuées à Aristote. On croirait une description des dernières décennies du XXe siècle. À une différence près : aucune entreprise privatisée n'a été soumise à une redevance aussi substantielle. Les privatisations mises en œuvre depuis les années 1980 dans la plupart des pays, à l'ouest comme à l'est, ont été publiquement justifiées par deux raisons majeures : la nécessité de combler le déficit des finances publiques et rendre à la concurrence des entreprises, ou des secteurs, que l'État avait trop couvés et qui étaient devenus routiniers et inefficaces. La raison fondamentale fut en réalité celle énoncée dans le fameux slogan de Ronald Reagan désignant le gouvernement comme un problème et non pas une solution. C'est sous les auspices de cette analyse pour le moins expéditive que l'on a liquidé l'État.

Les soldes. *Liquidé* au sens propre, puisque les privatisations avaient comme but premier, et illusoire, d'assainir les finances publiques. Ainsi, contre quelques misérables milliards aussitôt engloutis dans le trou noir des déficits, on a tout vendu : énergie, audiovisuel, télécommunications, chemins de fer, banques, compagnies aériennes, ports et aéroports, patrimoine immobilier. La liste est bien longue. En Italie, on a cédé une grande partie du littoral sous la forme de concessions renouvelées. En France, notamment sous la présidence Sarkozy, on a vendu des centaines de tonnes d'or… juste avant que son prix soit multiplié par trois.

Vendu ? Bradé plutôt. C'était peut-être justifié pour quelques entreprises qui ne valaient rien, d'un point de vue comptable du moins. Dans d'autres cas, cela a été effectivement une aubaine, mais pour les acheteurs. Le cas des autoroutes en France est symptomatique : l'État a tiré 14,8 milliards d'euros de la vente de ses parts, un montant sous-évalué de 10 milliards selon la Cour des comptes. Or, le secteur est d'une rentabilité extraordinaire : l'excédent brut d'exploitation (la différence entre le chiffre d'affaires et les coûts de fonctionnement) est compris entre 60 et 70 %. Du rarement vu. Le bénéfice net que Vinci ou Eiffage empochent tous les ans est de l'ordre de 20 %. Ce qui veut dire qu'en cinq ans l'investissement a été amorti et que, depuis, c'est *tout bénef.*

Désormais, chaque fois qu'il faut construire un hôpital ou une prison, on en laisse le soin au privé et l'État loue les locaux. À court terme, on allège les dépenses, à long terme on s'enferme dans l'endettement. Concrètement, on a vendu la maison pour payer… le loyer ! Une logique à toute épreuve. Le plus triste, c'est que tout cela n'a servi qu'à aggraver le problème et à mettre l'État en situation de ne pas pouvoir les résoudre. L'objectif de réduction des dépenses de l'État et de la pression fiscale a été atteint de manière « spectaculaire » : de 1980 à 2008, la dépense publique française est passée de 45 à 52 % du PIB[40], les prélèvements obligatoires de 40 à 43 %. Bien entendu, la dette a continué d'augmenter.

Déréglementation. L'État ne s'est pas contenté de reculer en tant que propriétaire. Il a abdiqué également de son rôle d'arbitre. Dans tous les pays, on a mis en œuvre, parallèlement aux privatisations, une déréglementation qui, selon Joseph Stiglitz, « a tourné au délire » dans les années 1990. L'objectif était d'injecter de la concurrence dans des secteurs sclérosés par les monopoles publics. En réalité, on a créé au mieux des oligopoles qui, légalement ou illégalement, s'entendent sur le dos du consommateur. Celui-ci a touché effectivement quelques « pourboires » sous forme de baisse des tarifs, comme

40. Chiffres INSEE Première.

dans les transports aériens ou les télécommunications, mais on est loin des bienfaits d'une véritable concurrence.

Le domaine dans lequel la déréglementation a provoqué le plus de dégâts est sans conteste celui de la finance. Aux États-Unis, sous la présidence Clinton, on a abrogé le vénérable *Glass-Steagall Act* qui, depuis 1929, séparait banques d'affaires et banques de dépôt, un garde-fou qui empêchait que les banques ne se risquent dans des aventures hasardeuses au détriment des déposants. Robert Rubin, le principal instigateur de la réforme était un ancien dirigent de Goldman Sachs ; il s'en est allé diriger, après son passage au gouvernement, Citigroup, un géant né d'une fusion rendue possible par la réforme. La déréglementation de la finance, l'assouplissement des règles comptables et prudentielles a rendu possible ce que l'on a appelé le *big bang* des bourses et, peu de temps après le *big krach* qui a ravagé l'économie mondiale. Paul Fabra, qui a analysé au jour le jour l'évolution de cette déréglementation, en a tiré un enseignement on ne peut plus pertinent : désormais nous sommes en présence d'un « capitalisme sans capital », où les investisseurs et les banques jouent désormais non plus *leur argent*, mais celui des autres.[41]

En France, le hasard a fait que Nicolas Sarkozy n'ait pas eu l'occasion de mettre en œuvre dans sa frénésie de déréglementation une autre bonne idée : développer les crédits hypothécaires à l'image de ce qui se faisait aux États-Unis : « Il faut mettre en œuvre rapidement

41. *Le Capitalisme sans capital*, Paul Fabra, Les Échos/Eyrolles, 2010.

la réforme du crédit hypothécaire. Ce n'est quand même pas excessivement audacieux de proposer que les crédits immobiliers soient simplement et uniquement garantis sur la valeur des biens achetés », déclare-t-il à la Convention nationale de l'UMP en 2005. Une promesse, heureusement pour une fois, non tenue.

L'Europe comme alibi. L'Europe est devenue l'alibi de l'impuissance. L'Europe qui était, hier, le moteur de grands projets. CECA (la Communauté européenne du charbon et de l'acier, idée révolutionnaire à l'époque ; on rêverait aujourd'hui d'une Communauté des énergies sans carbone alternatives), PAC, Ariane, Airbus, Erasmus : l'ambition d'alors paraît aujourd'hui folle. Transformée en syndic de boutiquiers depuis les années 1990, l'Europe elle-même est saisie d'impuissance. Totalement absorbée par le calcul des décimales des déficits, elle en oublie les grands problèmes stratégiques : le problème des migrants, l'harmonisation fiscale, la politique industrielle. Au-delà des déclarations martiales (« il faut changer l'Europe »), on va à Bruxelles comme on allait à Canossa. En se couvrant la tête de cendres, en essayant de ruser pour grignoter quelques décimales de déficits ou pire encore en prétendant « *I want my money back* ».

Perdre le « savoir-faire » (mais le faire savoir). Un malheur n'arrive jamais seul : en se dépouillant de son patrimoine et de son rôle d'arbitre, l'État a perdu également son savoir-faire et sa compétence. Le témoignage de l'économiste Élie Cohen est édifiant. Auditionné en 2015 à l'Assemblée nationale par la Mission d'information sur l'offre automobile française, son constat est amer : « Quand j'étais jeune chercheur, je m'intéressais à la “fabrication” de la politique industrielle et [...] je rencontrais des experts sectoriels qui avaient acquis leur compétence sur une longue période ; or aujourd'hui il n'y en a plus du tout. » Pour lui, l'État, même quand il reste actionnaire, a perdu son expertise, sa compétence et donc la capacité de dialoguer avec l'industrie. « Savez-vous comment on procède quand Bercy veut discuter avec Renault ? On fait appel à un banquier d'affaires ! [...] Même Arnaud Montebourg, qui s'est beaucoup agité, quand il a eu besoin d'une contre-expertise sur Florange, a eu recours à un banquier d'affaires. » Élie Cohen enfonce le clou : « Et comme les services de Bercy n'ont pas perdu leur arrogance initiale, l'arrogance s'ajoute à l'incompétence. »

La conséquence est que, acculés au pied du mur par leurs échecs, ils avouent leur impuissance. On se souvient tous de la phrase de François Mitterrand en 1993 : « Dans la lutte contre le chômage, on a tout essayé. » Cette phrase sonne comme l'aveu ultime de l'incapacité des politiques à contrer un mal dont tous s'accordent à penser qu'il est au cœur de notre malaise. Quelque temps après Lionel Jospin confirmait : « L'État ne peut pas tout. » Les États et les hommes politiques ont largement démissionné.

Désormais, même les « marchés » sont devenus indifférents à leur agitation stérile. Une boutade circulait fin 2016 dans les milieux financiers : « Les marchés ont mis trois jours pour digérer le Brexit, trois heures pour digérer l'élection de Trump et trois minutes pour digérer le non au référendum italien. » Cela peut vouloir dire plusieurs choses : que « les marchés », donc la finance, se moquent éperdument des aventures de la politique, devenue une sorte de téléréalité destinée à distraire les foules et qui n'a plus aucun impact réel sur l'économie. Pire encore : les marchés ont compris que la vieille loi de la politique est que « tout change pour que rien ne change », comme disait Tancrède dans *Le Guépard*. En bref, Trump, c'est moins d'impôts, moins d'État ; le Brexit, c'est plus de paradis fiscal, et le « non » au référendum italien, c'est encore mieux : rien ne change pour que rien ne change.

Le grand escamotage. L'État ne peut pas tout, mais a-t-on déjà oublié ce dont il a été capable dans le passé ? On le présente comme une bête boulimique, un tonneau des Danaïdes où s'engouffrent et se perdent les ressources du pays. Une machine kafkaïenne, tantôt labyrinthe, tantôt mille-feuille administratif qu'il faut alléger et dépecer. On veut nous faire oublier qu'il a été, il n'y a pas si longtemps, le grand stratège de nos économies. Avec ses « grands commis », il a encadré l'industrie, pris en main l'énergie et les transports, restructuré les territoires. C'était le temps de Paul Delouvrier ou d'Enrico Mattei, de Michel Debré, à qui le général de Gaulle avait confié la tâche de « remettre les affaires de la France en ordre pour que la France retrouve sa place dans le monde », et qui l'a fait.

Au Japon, le MITI (ministère de l'industrie et du commerce extérieur) a jeté les bases du triomphe de l'industrie du pays. En Italie, aujourd'hui symbole de l'inefficacité de l'État, un rôle similaire a été joué par l'IRI (institut pour la reconstruction industrielle). Crée dans l'entre-deux-guerres pour sauver les banques mises en situation de faillite par la crise (déjà !), il devint dans les années 1960 l'acteur principal du « miracle italien ». Son chef-d'œuvre fut la construction de l'autoroute du soleil en seulement huit ans ; 800 kilomètres de Milan à Naples avec des centaines de ponts et de tunnels. L'ouvrage fut achevé en avance et sans une lire de dépassement dans le budget. De nos jours, le dépassement est la règle et pas seulement sur les autoroutes. Du tunnel sous la manche à l'EPR en passant par les aéroports qui ne se feront jamais. Quant à l'IRI, il a été privatisé en 1992, l'année du traité de Maastricht. Signe des temps.

L'État, en ces temps-là, était également le dépositaire du bien-être commun. En français, on appelait ça l'État providence, traduction imparfaite de son nom originel : *the Welfare State. Welfare* signifie en anglais « bien-être ». Trois penseurs, tous britanniques, ont joué un rôle déterminant dans la conception du *Welfare State* : Cecil Arthur Pigou[42] qui a démontré le premier que la répartition n'est pas un jeu à somme nulle, John M. Keynes qui a prouvé que la solidarité et l'efficacité

42. *The Economics of Welfare*, 1920.

économique allaient de pair, et William Beveridge qui a rédigé, en pleine guerre son fameux *rapport* qui fixait comme objectif à l'État d'éliminer les cinq fléaux : pauvreté, insalubrité, maladie, ignorance et chômage. Tâche dont l'État s'est en grande partie acquitté après la Seconde Guerre mondiale.

Votre iPhone, c'est l'État. Aujourd'hui, l'innovation est partout. L'idéologie dominante nous soumet à l'admiration obligée de l'entrepreneur, présenté comme le héros de l'innovation. Steve Jobs, Bill Gates, ou Mark Zuckerberg sont l'incarnation de la bonne économie, celle qui innove, qui crée des emplois et des richesses. On les oppose à l'armée grise des serviteurs de l'État qui n'ont d'autres buts que de les harceler par la fiscalité, les freiner par les lenteurs bureaucratiques, les engluer dans le labyrinthe des réglementations.

En réalité ces glorieux entrepreneurs n'existent *que parce que l'État est le grand acteur de l'innovation.* Prenez un smartphone : la plupart des technologies qu'il contient sont le produit de la recherche publique : Internet, le GPS, le disque dur miniaturisé, l'écran tactile, Siri, le *wireless.* L'algorithme du moteur de recherche de Google a été inventé par l'US National Science Foundation. Les premières voitures « autonomes » ont été construites dans le cadre d'un projet militaire. 75 % des nouvelles molécules utilisées par l'industrie pharmaceutique viennent de la recherche publique. L'Italo-Américaine Mariana Mazzuccato, spécialiste de l'économie de l'innovation, défend une thèse simple et choquante pour certains économistes : l'État est non seulement à l'origine des innovations fondamentales, mais il a également joué, notamment aux États-Unis, un rôle déterminant dans le financement des entreprises qui en assurent l'application[43]. Il existe outre-Atlantique toute une armada d'organismes publics qui gèrent l'innovation. Celles que l'on connaît bien (Nasa, NSA), mais aussi la DARPA (Defense Advanced Research Projects Agency), le National Institute of Health (NIH) ou la SBA (Small Business Agency) dont les filiales (SBIR, SBIC) financent les « jeunes pousses » ou se portent garants des crédits que leur accordent les banques. Apple a été un des bénéficiaires de ces dispositifs. « Ce livre présente une thèse controversée », écrit Martin Wolf dans le *Financial Times* « Mais il est fondamentalement juste. Ne pas reconnaître le rôle du gouvernement dans l'innovation est la plus grande menace pour la prospérité à venir[44]. »

Si la recherche publique a déjà marqué de son sceau l'innovation, il en sera de même pour demain. Nous verrons un peu plus loin que la France est bien présente dans ce domaine. Les travaux de Serge Haroche (CNRS) en physique quantique par exemple permettront de faire l'ordinateur de demain, tout comme les travaux d'Albert Fert (CNRS/Thales) sur la magnétorésistance ont permis de concevoir les disques durs que nous

43. *The Entrepreneurial State : debunking public vs. private sector myths*, Anthem, 2013.

44. « A much-maligned engine of innovation » (le tant décrié moteur de l'innovation), *Financial Times*, 4 août 2013.

utilisons aujourd'hui. À moins que les démolisseurs ne continuent leur œuvre…

« Y z'ont un numéro de cirque. » « Y z'ont un numéro de cirque, y en a un qui coupe les oignons et l'autre qui pleure », disait Coluche à propos des hommes politiques. Il y a dans cette phrase un joli résumé de la division du travail politique entre majorité et opposition. Les uns gèrent, les autres protestent. Avec un déploiement ahurissant de mauvaise foi, ils se jettent à la figure chacun le passif de l'autre. Malheureusement, à chaque alternance les politiques économiques passent le plus souvent du *pareil au même*. Gauche et droite n'ont des programmes différents que pendant les campagnes électorales. Dès qu'il s'agit d'exercer le pouvoir, le réalisme (ou le manque d'imagination) leur impose de faire, à quelques détails près, la même chose. Favoriser les entreprises, alléger les charges, libéraliser, déréglementer. Transférer le poids de la dépense publique du « travail » au « consommateur » disent-ils, ce qui signifie que ce sont généralement les entreprises qui profitent et le *quidam* de base qui paye. Hollande supprime la hausse de la TVA instaurée par Sarkozy… pour mieux la rétablir quelques mois après. Sarkozy instaure la détaxation des heures supplémentaires, le gouvernement socialiste la supprime, le candidat Valls avait comme projet de la restaurer.

A-t-on déjà entendu quelqu'un reprocher quelque chose aux entreprises ? Oui, mais quand il s'agit d'entreprises étrangères ou de cibles qui facilitent outrageusement le travail des critiques comme Ryanair, McDonald's ou Mittal. Dans leur majorité, elles sont toujours les victimes, jamais les coupables. Leur a-t-on jamais reproché le manque de courage, le manque d'imagination, leurs stratégies déplorables ? Au contraire, on ne cesse de les choyer, de cacher leurs petites et grandes misères. C'est ainsi que l'on crée l'aberration du diesel « sanctuarisé » en France. Ailleurs, c'est pareil. Lorsque l'Union européenne découvre que Volkswagen triche sur les émissions de ses voitures, on assouplit les normes de pollution…

Voix discordantes. De temps en temps, un son de cloche différent nous parvient. Interrogé sur l'assouplissement des conditions de licenciement, Leonardo Del Vecchio, le P.-D.G. de Luxottica, la plus grande entreprise de lunetterie du monde, a dit que ça lui était indifférent. Face aux journalistes incrédules, il a affirmé : « Un vrai chef d'entreprise ce n'est pas quelqu'un qui licencie, c'est quelqu'un qui embauche. » Licencier, c'est le signe d'un échec. Celui des dirigeants. Les premiers responsables ce sont eux, et non les Chinois ou les charges sociales.

Même chose pour les riches. Warren Buffet, qui s'y connaît en richesse, a défrayé la chronique en publiant un article dans le *New York Times*, dans lequel il demandait à payer plus d'impôts. « Je me suis rendu compte que je ne payais que 17 % d'impôt sur le revenu, alors que mes employés en payaient de 30 à 40 %. C'est absurde. » Il affirme également qu'au cours des 60 ans pendant lesquels il a côtoyé des investisseurs, il n'en a jamais vu un seul renoncer à un investissement à cause des taux d'imposition. Pour la même raison, le milliardaire ne croit pas que la baisse des impôts soit favorable à la création d'emplois[45].

Le cadeau fait à Liliane. Les maladresses des hommes politiques atteignent parfois des sommets. Les stratégies fiscales concernant les plus riches ont tourné à la pantalonnade. Le cas de l'ISF est amusant. Créé par Michel Rocard pour financer le RMI, il est devenu un point de cristallisation de l'opposition gauche/droite. Quand Nicolas Sarkozy arrive au pouvoir, il aimerait bien le supprimer, mais il ne peut pas. Il invente donc le « bouclier fiscal » et augmente la CSG. Résultat : les Français apprennent ébahis qu'au moment même où on met tout le monde à contribution, y compris les plus pauvres, le fisc a fait à Liliane Bettencourt un chèque de 30 millions d'euros. Pour un président « bling-bling », c'est du plus bel effet.

Lorsque François Hollande accède au pouvoir, il se lance dans l'aventure « faire payer les riches »... Problème : le Conseil constitutionnel considère « confiscatoires » les taux prévus et on les plafonne donc à 75 % des revenus. Résultat déplorable : le *Canard enchaîné* publie une note confidentielle révélant que Liliane verse au titre de l'ISF la somme faramineuse de... 0 euro.

45. « Stop Coddling the Super-Rich », *New York Times*, 14 août 2011.

Le pin's de Gattaz. Avec le CICE (crédit d'impôt pour la compétitivité et l'emploi) et le « pacte de solidarité », on a atteint des sommets. François Hollande, en arrivant au pouvoir, croit à un retournement de la conjoncture, au retour de la croissance et à la reprise de l'emploi. Rien ne se passe et le chômage augmente. Le gouvernement fait alors ce que tous les experts lui conseillent (et que le Medef demande) : il faut aider les entreprises. Pierre Gattaz avait lancé une campagne de communication en ce sens. Lui et ses camarades arboraient donc fièrement un pin's sur lequel était écrit « Un million d'emplois, c'est possible ». On raconte qu'un jour Michel Sapin aurait demandé à Gattaz en montrant le pin's : « C'est une promesse ? » « Non, c'est un pin's », aurait répondu le patron des patrons.

L'État a fait un cadeau aux entreprises de plus de 40 milliards d'euros qui ont permis de sauver entre 50 et 100 000 emplois selon le dernier rapport d'évaluation. Toujours taquins, les journalistes ont rapidement calculé que cela représente plusieurs centaines de milliers d'euros par emploi préservé. De quoi effectivement améliorer les marges des entreprises, puisque de l'aveu même du Medef, c'est à ce jour le principal effet du CICE. Les investissements attendront. Dans une interview donnée au *Monde* en janvier 2016, Emmanuel Macron s'exclame : « On n'a pas tout fait pour l'emploi », Thomas Piketty lui répond quelques jours après : « Si, on a fait des grosses conneries[46] ! »

46. *Marianne,* 12 janvier 2016.

Numéro de cirque (suite) : des chiffres et des lettres. On a beaucoup glosé sur l'ignorance de nos hommes politiques de ce qui fait la vie quotidienne des Français. Du prix du ticket de métro à celui du pain au chocolat, en passant par l'existence du Boncoin. On pense généralement que les hommes politiques vivent sur des hauteurs, à deux doigts des nuages où l'on ne fait pas ses courses et où on n'a pas besoin de garer sa voiture. C'est vrai, et c'est désolant. Mais ce qui encore plus désolant, c'est que si les hommes politiques ne connaissent pas le prix d'un pain au chocolat, ils ne connaissent pas plus le prix d'une centrale nucléaire, ou le coefficient multiplicateur des dépenses publiques. Rares sont ceux qui le reconnaissent comme Vincent Peillon à qui une journaliste demandait des détails chiffrés sur son programme : « Je n'ai jamais acheté un lit d'hôpital. Je ne savais pas que ça coûtait 6 000 euros[47]. » Il faut souligner que ce n'est pas tellement l'ignorance qui est en cause, ce qui est déplorable, c'est l'ignorance rendue publique. À force de vouloir séduire les électeurs, les hommes politiques sont tombés dans le piège de la téléréalité. À force de se servir du pouvoir de l'apparence, ils n'ont plus qu'une apparence de pouvoir. L'amour est dans *l'à-peu-près.*

L'effet boomerang ne s'est d'ailleurs pas fait attendre, et certains journalistes se sont fait une spécialité du persiflage politique. Tant va la cruche aux médias qu'à la fin elle se fait casser. Il faut reconnaître à Jean-Jacques Bourdin d'avoir trouvé un bon filon. Grâce à

---

47. « On n'est pas couchés », 7 janvier 2017.

ses interviews matinales sur RMC, on a découvert que la ministre du Travail, Myriam El Khomry, ne savait pas combien de fois un CDD peut être renouvelé, ou que Marion Maréchal Le Pen, candidate à la présidence de la région PACA, n'en connaît pas le nombre d'habitants, qu'elle estime à deux millions, au lieu de cinq. (« Vous n'allez pas me faire des cours de professeur ! » s'est-elle vaillamment défendue.) Le journaliste s'est même permis de « corriger » Nadine Morano, alors ministre de l'Apprentissage, qui affirmait que la TVA en Allemagne était de trois points supérieure à la nôtre : « Vous dites des bêtises Nadine Morano. Vous ne maîtrisez pas le sujet. » Oscar Wilde a dit que « l'économie est cette science qui connaît le prix de tout et la valeur de rien ». Avec les hommes politiques, on est rassurés : ils ne connaissent le prix de rien. Ont-ils au moins une idée des *valeurs* ?

Si nos hommes politiques sont dépassés par les chiffres, ils le sont encore plus par les lettres. En quelques décennies, on est passé « de Pompidou citant Éluard à propos du suicide de Gabrielle Russier, à Sarkozy, daubant à plusieurs reprises, sous les rires gras de l'assistance, sur la *Princesse de Clèves* », écrit Jean Marcel Bouguereau[48]. C'était en 1969. Répondant à une question sur le suicide de Gabrielle Russier, Georges Pompidou avait dit : « Je ne vous dirai pas tout ce que j'ai pensé d'ailleurs sur cette affaire. Ni même ce que j'ai fait. Quant à ce que j'ai ressenti, comme beaucoup,

48. « De la médiocrité croissante des hommes politiques », *L'Obs*, 9 novembre 2009.

eh bien, comprenne qui voudra ! – moi, mon remords, ce fut la victime raisonnable au regard d'enfant perdu, celle qui ressemble aux morts qui sont morts pour être aimés. C'est de l'Éluard. Merci, mesdames et messieurs. » Il faut lire les commentaires des internautes sur la vidéo de l'interview de Pompidou pour mesurer l'immense nostalgie que les Français ressentent de la culture et de l'élégance des hommes politiques (et des journalistes) d'hier.

La démagogie, c'est la loi du marché appliquée à la politique

L'élection de Donald Trump est pleine d'enseignements. On peut toujours, comme on le fait souvent, porter un jugement moral sur la chose. Cela ne fera guère avancer notre compréhension du sujet. L'abdication des hommes politiques face au marché ne doit rien au hasard, tout comme la démagogie qui en est la conséquence. Elle a été *voulue* et *théorisée* par la pensée libérale. C'est l'école dite du *public choice* et son chef de file James M. Buchanan (prix Nobel d'économie en 1986) qui s'en est chargé[49]. Buchanan a appliqué les méthodes et les logiques économiques à la vie politique. Il en a tiré quelques enseignements. Contrairement à Keynes ou à Pigou qui croyaient que les hommes

49. *The Calculus of Consent : Logical Foundations of Constitutional Democracy*, avec Gordon Tullock, 1962.

politiques avaient comme mobile le bien commun, Buchanan considère qu'ils se comportent comme des agents économiques quelconques et n'ont comme but que l'inévitable maximation de leur « profit ». Un de ses précurseurs, Anthony Downs, l'exprime clairement : « Les partis formulent des politiques de façon à gagner les élections, plutôt que de gagner les élections de façon à mettre en œuvre des politiques[50]. »

Pour les électeurs c'est pareil : « il n'y a pas de raison de penser que le choix de l'individu-citoyen dans l'isoloir est fondamentalement différent de celui de l'individu-consommateur dans un supermarché », observait déjà en 1978 l'économiste libéral Henri Lepage[51]. Dès lors l'*offre politique* (quelle belle expression !) dégénère en postures ridicules, en slogans et *éléments de langage* loufoques dans lesquels les lecteurs de George Orwell trouveront facilement des exemples extraordinaires de *novlang* et de *doublethink*. François Fillon qui traite ses ennemis de *conservateurs*, Hollande dont *l'ennemi est la finance* et Emmanuel Valls qui *aime les entreprises*. Sans oublier le chef-d'œuvre, le triomphe absolu du non-sens économique. « Travailler plus pour gagner plus. » Elle est pas belle, mon offre ?

Donald Trump a gagné les élections parce qu'il maîtrise comme personne les techniques du marketing et de la communication. En tant qu'animateur d'émissions

---

50. *An Economic Theory of Democracy* (une théorie économique de la démocratie), 1957.

51. *Demain le capitalisme*, Le Livre de poche, 1978.

de téléréalité (son émission « The Apprentice » a fait 14 saisons) et en tant qu'homme-sandwich de la publicité (il a fait des centaines de publicités pour ses propres produits mais aussi pour Pizza Hut, Visa, Oreo, McDonald's). À ce savoir-faire « traditionnel », il a ajouté les trouvailles plus récentes de la science de la communication. Son équipe, dirigée par son beau-fils Jared Kushner, a mis en œuvre la puissance du *big data* pour cibler les électeurs. En partant des données des élections précédentes, ils ont défini quels habitants de quels quartiers, quelles villes, quels comtés étaient susceptibles de voter pour Trump. Ces populations stratégiques ont été bombardées de messages publicitaires et harcelés par les réseaux sociaux. Le fait que Trump ait eu plus de grands électeurs avec deux millions de voix en moins qu'Hillary Clinton est le résultat de cette stratégie redoutable.

Trump excelle également dans l'art de ce que l'on appelle la « *post-truth* » (la post-vérité, mot de l'année 2016, selon le dictionnaire d'Oxford). Le site d'information américain *BuzzFeed* a constaté que pendant la campagne électorale les « *fake news* » ont été plus partagées que les vraies. Paul Horner qui gagne sa vie en créant des sites spécialisés dans le *fake* a constaté que ses « intox » (le pape soutient Trump...) avaient été massivement partagées par les électeurs de Trump comme étant de vraies informations. Qu'importe la vérité, qu'importe le réalisme des promesses. Ce qui compte, c'est de saisir les sentiments des populations, leurs peurs, leurs espoirs et de se laisser porter par la vague. Or, la vague, dans les pays « riches », c'est la peur. La peur de perdre son identité.

Tout le monde a entendu parler de Samuel Huntington, professeur à Harvard, et de son fameux livre *Le Choc des civilisations* (1996)[52] dans lequel il annonce que le XXIe siècle sera celui de la guerre des civilisations et/ou des religions. Traduit en 39 langues, cet essai controversé est devenu après le 11 septembre 2001, malgré la fausseté évidente de sa thèse, une sorte de manifeste du nouveau siècle. Dès ce premier ouvrage, il précisait que le Mexique ne faisait pas partie de la même civilisation que les États-Unis, contrairement à l'Espagne, qui a pourtant la même langue et la même religion. Le même Samuel Huntington a écrit en 2004 un livre moins connu en France, mais qui a été prophétiquement clivant outre-Atlantique : il s'agit de *Qui sommes-nous ? Identité nationale et choc des cultures*[53]. L'auteur y développe l'idée que l'identité américaine est menacée par l'immigration désormais majoritairement hispanique. Il considère que comme à Miami en Floride, ou en Californie, les hispaniques peuvent s'imposer et transformer les WASP en une minorité, obligés d'opérer une « acculturation renversée » ou de quitter les lieux. Ces idées ne sont pas présentes seulement dans les amphis de Harvard. Aux État-Unis, elles sont dans l'air qu'on respire. Et Trump a su capter mieux que quiconque l'air du temps.

---

52. Odile Jacob, 2000

53. Odile Jacob, 2004

Dans ces conditions, l'idée du mur séparant les États-Unis du Mexique est un coup de génie. Qu'importe si c'est faisable, qu'importe son financement. Le Mexique paiera… nous aussi nous avons connu cela dans le passé – *L'Allemagne paiera.* Trump n'est pas une monstruosité, une exagération américaine. Les conditions qui ont fait élire Trump sont déjà présentes en Europe, ce continent âgé, riche et inquiet : en Angleterre, aux Pays-Bas, en Autriche, en France bien entendu. N'avons-nous pas eu en France un « ministère de l'Immigration et de l'Identité nationale » ? On s'est longtemps gaussé de Silvio Berlusconi. En réalité, le brave homme était un précurseur : la télé, le rêve facile, les bravades, le sexe, l'opportunisme désinvolte. Le *bunga bunga* annonçait la *golden shower.* On s'est également gaussé de Jean-Marie Le Pen et de ses accusations contre l'*establishment* et le politiquement correct. Lui aussi a été un précurseur de la démagogie triomphante.

En France, comme aux États-Unis, le rejet des « élites » est devenu le *leitmotiv* des énarques et des milliardaires. Ils nous ont appris que les vrais privilégiés étaient cheminots ou instituteurs, ils vont bientôt nous apprendre à marcher sur la tête. Que Trump vocifère contre les star d'Hollywood et les banquiers new-yorkais passe encore, mais que penser de François Fillon qui se dresse « face aux conservateurs de tout poil » et s'emporte contre « ces experts qui vivent très bien du système » alors que lui-même s'entoure de marginaux bien connus, qui lui suggèrent son programme économique comme Henri, René, Marie, Augustin de La Croix de Castries (dit Henri de Castries), ancien président d'Axa, Pierre Danon l'ancien P.-D.G. de Capgemini et Numericable ou Jean-Paul Faugère, son ancien directeur de cabinet-adjoint à Matignon, aujourd'hui président de CNP Assurances, sans oublier le banquier Arnaud de Montlaur, chargé de récolter les fonds.

Si l'« offre politique » est à ce point démagogique, c'est que la « demande politique » ne vaut guère mieux. Nos pays ont deux caractéristiques : ils sont riches et leur population est vieillissante. Nos « vieux », qui ont eu 20 ans en 1968, étaient déjà à l'époque selon le mot du général de Gaulle « une jeunesse que l'avenir inquiète trop souvent[54] ». Depuis, cela ne s'est guère arrangé. Parmi les dix pays les plus « pessimistes » du monde, huit sont européens. Nos démocraties sont comparables à ces autocars dans lesquels on a attiré des personnes âgées pour des excursions à prix massacrés et que des bonimenteurs professionnels harcèlent pour qu'ils achètent des batteries de casseroles ou des matelas à des prix exorbitants. Le Brexit est le résultat d'une opération similaire : on a appâté les Britanniques avec la promesse d'une excursion à bas prix, et on leur a vendu une batterie de casseroles qu'ils n'ont pas fini de traîner. Et qui a voté pour le Brexit ? Les personnes âgées. Les 18-24 ans ont voté à 75 % pour le *remain*. Tout comme les diplômés de l'université qui ont voté *remain* à 71 %. Qui a voté pour le Brexit ? Condorcet l'avait bien dit : « Le suffrage universel peut conduire à la dictature des

54. Général de Gaulle, allocution du 24 mai 1968.

imbéciles lorsqu'il n'est pas assorti d'une instruction publique éclairant les esprits. »

CHAPITRE 4

Les prophètes de l'apocalypse

Les riches mourront plusieurs fois.

Nostradamus

Pendant que les hommes politiques font péniblement leurs comptes avec la réalité, tout en préparant les prochaines élections, beaucoup d'économistes et assimilés se sont spécialisés dans l'annonce d'imminentes catastrophes. Le problème avec ces visions apocalyptiques de l'économie n'est pas tellement qu'elles existent. Tout compte fait chacun peut voir le monde comme il l'entend. Le drame est que ces versions extrêmes de nos problèmes viennent alimenter l'inquiétude sourde qui règne dans nos pays.

C'est comme un bruit de fond qui se confond avec d'autres bruits de fond. Certains ne sont que le produit de la bêtise, d'autres sont sous-tendus de véritables idéologies. Colporté par des journalistes ignorants ou des hommes politiques peu scrupuleux, l'air de la catastrophe enfle et se diffuse. Complot ? Peut-être, peut-être pas. Mais s'il en existe un, c'est bien le complot de la peur. Une sorte de conspiration, non du silence, mais du bavardage alimenté par mille volontés divergentes, par des chapelles minuscules, des officines politiques ou des « centres de recherche » honorables ayant pignon sur rue, mais qui convergent vers le point de fuite incontournable : l'inévitable catastrophe. Ils mettent un point d'honneur à nous faire peur. Mais pourquoi ? Pourquoi fait-on de l'économie comme on fait des films catastrophe ? Parce ce que c'est vendeur ? Parce que les médias en raffolent ? Probablement. On agite le spectre d'une *fin effroyable* pour nous faire oublier *l'effroi sans fin* auquel nous soumet quotidiennement l'économie.

L'apocalypse sera financière (ou monétaire, ou du moins capitaliste)

Le 17 août 2015, Jacques Attali écrivait sur son blog[55] : « Le monde s'approche d'une grande catastrophe économique. Et personne n'en parle. » Personne n'en parle ? Ceux qui ont vu venir la crise de 2007 sont rares, aussi rares que ceux qui ont prévu la chute de l'URSS. Pour annoncer la prochaine catastrophe au contraire, il y a foule. Les thuriféraires de la catastrophe sont aussi nombreux que variés. Il y a d'abord les charlatans de profession qui ont trouvé dans l'économie le domaine idéal pour s'enrichir sur la crédulité des gens. C'est le cas de Pierre Jovanovitch qui n'a de cesse de dénoncer les « banques » et les « manipulateurs ». Il a consacré un livre à *Blythe Masters, la banquière de la JP Morgan à l'origine de la crise mondiale*[56]. Mais il a publié également *666*[57] sous titre : « la planche à billets américaine qui va amener les banques à leur faillite et déclencher la grande révolte des peuples » et *777. La chute du Vatican et de*

55. www.attali.com

56. Le Jardin des Livres, 2011.

57. Le Jardin des Livres, 2014.

Wall Street selon saint Jean[58]. L'avantage de cette première catégorie de prophètes est qu'il est facile de comprendre d'où ils parlent. Ils sont au fond, à droite. Jovanovitch est invité régulièrement sur TV Libertés, une Webtélé d'extrême droite et compte parmi ses admirateurs un certain Alain Soral. Ces habitants surprenants de la « fachosphère » partagent avec d'autres catastrophistes, notamment américains, l'idée que le monde est rongé par une calamité, l'émission excessive de monnaie, et que l'endettement généralisé nous mène à la catastrophe. La conclusion est toujours la même : achetez de l'or. On a là, si l'on peut dire, un véritable filon. Dans d'innombrables sites financiers ou de placement – et dans ceux de la « fachosphère » – il y a souvent des bandeaux publicitaires « achetez de l'or » avec les liens (*Le blog de la résistance*, par exemple). C'est un signe.

Aux États-Unis, existe une tradition bien établie : celle des ultra-ultralibéraux : les libertariens, les soi-disant anarcho-capitalistes. Leur chef de file et inspirateur Murray Rothbard (1926-1995) avait, outre une multitude de bonnes idées comme l'interdiction du vote des femmes, la ségrégation des Afro-Américains, ou la remise au travail des enfants, une idée radicale pour stopper le foisonnement monétaire provoqué par l'État et les banques : le retour à la parité-or. À l'étalon -or intégral. C'est-à-dire un système où le moindre centime en circulation serait couvert par sa valeur en or. Revenir à l'étalon-or, même « partiel » (comme il l'a

58. Le Jardin des Livres, 2009.

toujours été) est une pure démence, imaginez l'étalon-or intégral ! Concrètement cela voudrait dire soit réduire de manière inouïe la masse monétaire soit imaginer une méga explosion du prix de l'or. C'est que souhaitent et espèrent les *goldbrockers* de tout poil. Justement, sur le site « goldbrocker.fr », on présente le scénario concocté par le financier Egon von Greyerz qui considère que nous allons vers une « destruction de richesse sans précédent ». Les banques et les États ne paieront jamais leurs dettes, les marchés financiers et l'immobilier vont s'effondrer, les monnaies n'auront plus aucune valeur, la violence et le terrorisme vont se répandre[59].

Lors de moments objectivement critiques, ces fantasmagories débordent largement le cercle restreint des chapelles ésotériques et, profitant de l'ignorance générale sur les problèmes monétaires, elles s'insinuent dans les esprits jusqu'à s'imposer dans le débat et dans le paysage médiatique. On en a fait l'expérience, dans le domaine politique, avec les thèmes de l'immigration et de l'identité qui, partis de cercles minoritaires de l'extrême droite et du Front national, sont venus parasiter si ce n'est *pourrir* le débat public. Lorsque des journalistes, des hommes politiques ayant pignon sur médias s'emparent du problème de la dette ou des banques, on peut s'attendre au pire. La « dette » devient ainsi une sorte de bête du Gévaudan, prête à dévorer des pays entiers, pour les générations présentes ou futures.

59. *Goldbroker*, 27 juillet 2016.

Un exemple symptomatique de cette contagion fut une vidéo qui, en 2008, a fait le tour de la Toile et du monde. Il s'agit de « L'argent dette » (*money as debt*) du canadien Paul Grignon. Dans cette longue vidéo, traduite en 14 langues et vue des millions de fois, on présente, comme si c'était la révélation d'un mystère bien gardé, la création de monnaie par le crédit et la dette. La monnaie est effectivement créée par le crédit. Chaque fois qu'une banque accorde un crédit, elle crée de la monnaie. Mais Grignon tire de cette vérité élémentaire une sorte de mécanique infernale dans laquelle le gonflement de la dette et la main mise des banquiers sur l'économie ne peuvent mener qu'à la catastrophe.

La vidéo contient des erreurs monumentales : elle ignore par exemple que l'essentiel des crédits va aux entreprises, qui s'en servent pour produire, et passe totalement sous silence le processus de *destruction monétaire* : chaque fois qu'un crédit est remboursé, le montant équivalent de monnaie est détruit. Toute la démonstration tombe à plat. Malgré ces erreurs, certains journalistes sont tombés dans le piège. Comme Nicolas Cori, à l'époque journaliste économique à *Libération*, auteur d'ouvrages consacrés à la finance, qui écrit dans le blog *Les cordons de la bourse* : « Après l'avoir visionné, on se sent vraiment intelligent. Essayez[60]... » *Essayez...* Les réactions des internautes sont affolantes. Par dizaines, ils sont tombés à pieds joints dans le piège du complot.

60. « Au fait, c'est quoi cet argent qui nous inquiète ? » 9 octobre 2008.

Heureusement, l'un d'entre eux a quand même fait remarquer : « Il n'y a pas de secret là-dedans, puisque c'est dans les cours d'économie. Nous sommes juste des ignorants. » Voilà comment fonctionne un certain « savoir » économique, comment il se diffuse. Le plus pathétique est que Nicolas Cori écrit encore, après l'affaire : « Je pense qu'il y a un vrai besoin de pratiquer une "pédagogie critique" de la finance[61]. »

Heureusement d'autres journalistes ont eu le nez plus fin : « L'argent-dette, vidéo-star du Net, a une sale petite odeur », souligne *Le Nouvel Observateur* lors de la sortie de la vidéo[62]. André Gunthert, chercheur à l'EHESS, est lui aussi tombé dans le piège. Il considère dans un premier temps que « l'argent dette » est une « remarquable et très pédagogique description du système financier », mais il a tiré de son erreur un enseignement salutaire. Selon lui, le succès de la vidéo montre comment l'échec du discours officiel sur la crise ouvre un boulevard à ce nouveau moyen d'expression qu'est Internet. Avec toutes les dérives que l'on peut constater, du complotisme à l'affabulation. Il conclut : « En même temps que la dépréciation des actifs boursiers, le discours explicatif des élites a subi une dévaluation brutale[63]. »

---

61. *Les cordons de la bourse*, blog, Libération.fr, 2 octobre 2013.

62. *L'Obs/Rue 89*, 13 octobre 2008.

63. *Le krach du discours, la réponse de la vidéo*, André Gunthert, 8 octobre 2008.

Le filon suicidaire. L'extrême droite n'est pas la seule à affabuler. À l'extrême gauche, certains ont poussé cette spécialisation à son paroxysme. Ils suivent les traces de Marx qui avait, sur des milliers de pages, scientifiquement détaillé les mécanismes par lesquels le capitalisme était condamné à une crise finale, et le socialisme destiné à triompher… en Suisse ou en Angleterre. Le capitalisme est condamné non seulement parce que certains mécanismes défaillent, mais parce qu'il s'agit d'un système mortifère. Naomi Klein, journaliste canadienne, s'est taillée en 2001 une solide réputation de critique du capitalisme avec son best-seller *No Logo*, une critique des marques et de leurs agissements. Elle est devenue une sorte d'égérie altermondialiste. Soit. Le problème est qu'avec *La Stratégie du choc : la montée d'un capitalisme du désastre* (2008), elle va beaucoup plus loin. Le capitalisme programme et produit les catastrophes dont il se nourrit : guerres, terrorisme catastrophes naturelles. Mazette ! Ça, c'est du complot.

Tout a commencé par le coup d'État du 11 septembre 1973 au Chili, derrière lequel il y avait la CIA et… Milton Friedman. Naomi Klein construit toute sa réflexion sur quelques phrases de Friedman où il parle de « *shock therapy* » ou de « tragédies qui sont aussi des opportunités », avant d'empiler sur 600 pages les citations lamentables de responsables plus ou moins obscurs qui se réjouissent de la tempête de la Nouvelle-Orléans, déclarant par exemple : « On a réussi à nettoyer les quartiers populaires, on ne savait pas comment faire mais Dieu l'a fait pour nous. » Pour Naomi Klein, Friedman et les « capitalistes du désastre » sont convaincus que « seule une rupture massive (inondation, guerre, attaque terroriste) peut engendrer la toile blanche qu'ils réclament ». Une extrapolation *désastreuse*, effectivement.

Plus près de nous, Paul Jorion, qui est un penseur talentueux et qui avait prévu la crise des *subprimes*, ne craint pas la surenchère. Le capitalisme est victime d'*apoptose*. Une sorte de suicide préprogrammé des cellules. Dans *Le dernier qui s'en va éteint la lumière*[64], il va plus loin, le sous-titre du livre est explicite : *Essai sur l'extinction de l'humanité* (!). La Fed peut faire faillite, l'Union européenne est déjà foutue… « On est à deux jours, à six mois de la catastrophe », dit-il sur France Culture, le 30 novembre 2011. Le regretté Bernard Maris, dans *Capitalisme et pulsion de mort*[65], essaye de présenter le capitalisme comme un système fondamentalement mortifère, capable de tout sacrifier sur l'autel du profit en mêlant à la va-comme-je-te-pousse Keynes et Freud. « Détruire, puis se détruire et mourir constituent aussi l'esprit du capitalisme. […] Le marché, cet adjuvant du capitalisme, est un terrible lieu d'égalité théorique et, partant, de mimétisme, de rancœurs, ainsi qu'un incroyable catalyseur de la pulsion de mort à l'œuvre dans l'accumulation. »

On sait bien que dans le capitalisme sont à l'œuvre des « pulsions » pas très reluisantes, mais quand même. Le résultat est pour le moins escagassant. D'autres

64. Fayard, 2016.

65. Albin Michel, 2009.

dans le passé ont osé des mixtures improbables, la plus mémorable fut celle de Freud (encore lui) avec Karl Marx opérée avec une certaine réussite par le philosophe Herbert Marcuse, maître à penser de la *Beat generation* qui prônait parallèlement la libération sociale et la libération sexuelle. D'autres cervelles en revanche n'ont pas résisté au mélange comme celle de Jacques Lacan ou de Louis Althusser.

Le jeu des sept planètes. L'apocalypse la plus courue est celle de l'épuisement des ressources. Elle n'a pas seulement gagné les médias, mais aussi les cours d'école et elle assiège déjà les crèches. Il y a quarante ans (1972), le Club de Rome, prestigieux groupe de réflexion réunissant des personnalités de 52 pays, jetait un pavé dans les eaux calmes de la croissance des Trente Glorieuses. Un rapport, préparé par le Massachusetts Institute of Technology (MIT) (« Halte à la croissance ») sonnait l'alarme : la croissance est trop forte, elle crée désormais plus de nuisances que de bienfaits, nous détruisons de manière irréversible les ressources de la Terre. Il faut donc arrêter, sinon nous allons à la catastrophe. Quand ? Bientôt. Bien entendu, la crise pétrolière a donné un écho extraordinaire au rapport du Club de Rome. Mais la récession de 1975 et la longue crise qui a suivi ont fait oublier les reproches faits à la croissance. Les dégâts provoqués par son ralentissement ont montré à quel point elle était précieuse. Depuis l'annonce de la catastrophe a fait florès, c'est devenu un *leitmotiv*. En 2012, une nouvelle mouture du rapport est d'ailleurs publiée qui réitère la mise en garde : « *The world is on track for disaster…* » Quand ? Bientôt.

La catastrophe et ses gadgets. Régulièrement une trouvaille alarmiste fait la une des gazettes. Ainsi *Le Nouvel Observateur* titre le 19 mars 2014 : « La Nasa prédit la fin de notre civilisation : une catastrophe (difficilement) évitable. » Si la Nasa le dit…

En réalité, la Nasa n'a pas grand-chose à voir dans ces prévisions. Elle a juste participé, avec d'autres, au financement de l'étude qu'un article du *Guardian* a propulsé sous les projecteurs. Si on regarde l'étude, on se rend compte qu'elle est plutôt rustique puisque, dans les paramètres pris en compte, elle oublie totalement la technologie. On y reviendra.

Faire appel à la Nasa est une de ces ruses dont les catastrophistes usent et abusent. Le Global Footprint Network, think tank écologique euro-américain, a ainsi inventé l'*Earth Overshoot Day* (le jour du dépassement de la Terre). Tous les ans, le GFN calcule donc le jour où l'humanité aura consommé la totalité des ressources que la planète peut renouveler en une année. En 2016, l'*Earth Overshoot Day* est tombé le lundi 8 août. Cela signifie qu'en huit mois, nous avons émis plus de carbone que ce que les océans et les forêts ne peuvent absorber en un an, nous avons pêché plus de poissons, coupé plus d'arbres, fait plus de récoltes, consommé plus d'eau que ce que la Terre ne pouvait produire sur cette même période. À partir de ce jour, nous vivons donc à crédit. Encore une fois, cette idée fixe du crédit et de la dette. Rassurons-nous toutefois : les Français sont sages : ils ne consomment que 1,7 France par an, là où les Japonais consomment 7 Japon. Sans en savoir plus, on peut imaginer comment ces chiffres sont calculés. N'y aurait-il pas un rapport entre la population, sa richesse et la superficie du pays ? Ah, ces savants sont vraiment trop forts !

Un peak, un cap, une péninsule... Le pétrole a été le grand révélateur de la fragilité de notre modèle. Des torrents d'encre noire ont été déversés sur la catastrophe de son épuisement. Dans ce domaine aussi les « experts » ont fait preuve de pertinence et de finesse. Sur la base de raisonnements quantitatifs rustiques, ils ont affirmé à plusieurs reprises que les réserves, limitées par définition, allaient inévitablement (bientôt) s'épuiser. On a inventé le concept de « *peak* » pétrolier, le moment où on allait entrer dans la phase descendante de la production. Le cri d'alarme le plus strident dans le domaine pétrolier fut, en 2005, celui d'Yves Cochet, qui en fit un livre : *Pétrole apocalypse*[66]. L'ex-candidat vert à l'élection présidentielle y annonçait la fin du pétrole et l'effondrement du transport aérien dès les années 2020 (!) Lors de l'éruption du volcan islandais qui a paralysé le trafic aérien en 2010, il déclare : « L'immobilisation presque complète du ciel européen engendre la panique, presque la fin du monde, alors que c'est une bonne anticipation de ce qui va bientôt se passer. » « Au vu des raréfactions des

66. Fayard, 2005.

matières premières, il est très probable que le transport aérien touche à sa fin dans une quinzaine d'années[67]. » Dans ce domaine, les experts ont été contredits par une loi économique élémentaire qui, pour une fois, semble fonctionner : la loi de l'offre et de la demande. Si les prix augmentent, la demande diminue et l'offre augmente. La demande a baissé grâce au progrès technique : (les voitures consomment moins, etc.), mais cette baisse a été surcompensée par le nombre plus important de consommateurs. L'offre a bel et bien augmenté, et à la surprise générale on s'est rendu compte que les réserves augmentaient… en même temps que les prix ! Eh oui, raisonner sur des « quantités » dans l'absolu n'a guère de sens. Avec l'augmentation des prix, certaines formes de pétrole (*offshore* ou de schiste) qui n'étaient pas exploitables auparavant le sont devenues. La production a augmenté et les prix se sont effondrés au grand dam des « spécialistes », qui ont essuyé là un énième revers.

Le spectre de Malthus. Depuis la fin du XVIIIe siècle, un spectre hante l'économie. Le spectre du malthusianisme. À cause d'une trop forte croissance démographique, nous serions condamnés à la surpopulation et à la famine. Bien que mille fois démenti par l'histoire, ce dogme continue de sévir. « Si les Chinois avaient le niveau de vie des Américains, il nous faudrait quatre planètes. » Qui n'a pas entendu ce genre de litanie ? Au jeu des planètes, Paul Jorion place la barre très haut : « Si l'on voulait

67. Lexpress.fr, 20 avril 2010.

généraliser à la totalité des êtres humains la manière dont vit *par exemple* aujourd'hui la population des États-Unis, il faudrait douze planètes équivalentes à la nôtre[68]. » Le « par exemple » est particulièrement savoureux. En vérité ces extrapolations n'ont aucun sens. Il suffit de prendre une autre référence, un autre « exemple » pour que le raisonnement change sensiblement. Reprenons l'hypothèse des « quatre planètes » plus « réaliste » : les Américains possèdent à peu près 800 voitures pour 1 000 habitants, la Chine 50, l'Europe 400. Il suffit de reformuler la phrase : si les Chinois avaient le niveau de vie des Européens, il nous faudrait… deux planètes. Et Hop ! Deux planètes de gagnées !

La pathologie américaine. Prendre l'Amérique comme mètre-étalon n'a aucun sens. Les États-Unis continuent d'être pris en exemple d'une économie qui fonctionne (malgré tout) bien avec un taux de croissance enviable et un faible niveau de chômage. Et si leur économie est enviable, il ne faut jamais oublier *à quel coût* elle l'est. Les États-Unis ne sont pas un modèle mais une aberration. Lorsqu'on pense aux drames du monde actuel, on évoque inévitablement les problèmes de famine, de sous-alimentation, de malnutrition. On évoque plus rarement le drame américain. On pourrait faire une longue liste des problèmes de ce pays. Mais on peut se contenter d'un, exemplaire à plus d'un titre : l'obésité. Du point de vue pondéral, les 300 millions d'Américains se partagent

68. *Misère de la pensée économique*, Fayard, 2012.

en trois tiers : 100 millions sont obèses, 100 millions sont en surpoids et 100 ont un poids « normal »[69]. Autrefois lorsqu'un voyageur revenait du « Nouveau Monde », il disait : « En Amérique tout est grand. » Aujourd'hui, même sans se déplacer, en regardant simplement une émission américaine de téléréalité (comme « Pawn Stars »), on ne peut que constater « ils sont tous gros ». Tous ? Non. Autrefois, l'obésité était une maladie de riches dans des pays pauvres. Aujourd'hui, c'est une maladie de pauvres dans les pays riches. Toute la folie de notre monde est là. Si 800 millions d'êtres humains souffrent de sous-alimentation et de malnutrition, ce n'est pas parce que l'on ne produit pas assez. Si les richesses agricoles étaient équitablement partagées, aucun homme aujourd'hui ne souffrirait de la faim. L'inégalité nord/sud se double d'une autre inégalité : celle qui sépare les riches et les pauvres dans les pays « développés ». D'un côté de l'équateur, on est malade ou on meurt de carences, de l'autre côté, on est malade et l'on meurt d'excès alimentaires. Lorsqu'on prédit à l'humanité toute sorte de malheur, il ne faudrait pas oublier de commencer par contempler celui-là.

Les dessous désolants de Malthus. Les idées malthusiennes sont fausses. Elles sont aussi le vecteur de sous-entendus scandaleux. Le sociologue indien, Ashis Nandy (que le magazine *Forbes* a classé parmi les 100 intellectuels les

69. Statistiques OMS 2015 et Registre américain des Enquêtes nationales de nutrition 2015.

plus influents du monde), a un beau jour prononcé cette phrase : « Si tous les Indiens savaient lire, il n'y aurait bientôt plus un arbre en Inde pour fournir de la pâte à papier[70]. » Tous ceux qui extrapolent ce genre de catastrophes oublient un détail : le progrès technique. Combien de livres peut-on mettre dans une clé USB par exemple ? Et combien peut-on en lire sur Internet ? Quant aux téléphones portables, combien nous font-ils économiser de milliers de kilomètres de lignes téléphoniques ? Ashis Nandy se méfie d'ailleurs du progrès : « Le progrès n'est plus une idée innocente, mais une idéologie (qui) consiste à dépouiller chaque culture de ses possibilités d'évolution pour les dissoudre dans une vision monolithique. Le scénario d'un monde unique forgé à la veille de la Seconde Guerre mondiale a fait son retour, mais sous forme de cauchemar. »

Il voit dans le progrès « l'idée (de) réagencement du monde au profit de l'homme blanc[71] ». Ces considérations aberrantes viennent de gens de tous horizons. Les plus nombreux sont des scientifiques. Et, du haut de leur savoir académique, ils réussissent l'exploit d'être plus nuls en économie que les économistes eux-mêmes. Sociologues, anthropologues, climatologues, physiciens, et astrophysiciens, thermodynamiciens, sportifs, présentateurs de télé, ornithologues. Tous se croient autorisés à pontifier dans un domaine qui leur échappe complètement : celui de l'économie. L'économie doit

70. « Un si long silence », *Le Monde diplomatique*, octobre 2015.
71. Idem.

leur apparaître comme une discipline mineure, bonne seulement à calculer des taux de rentabilité et des parts de marché.

Georgescu-Roegen, par exemple, le père de la décroissance, spécialiste en thermodynamique, a eu l'idée géniale d'appliquer le principe d'*entropie* à l'économie. L'entropie (ou deuxième principe de la thermodynamique) est un principe d'une extrême complexité dont on a tiré une conclusion simpliste. Une idée à première vue incontournable : le monde est fini et l'on ne peut exploiter ses richesses de manière croissante sans l'épuiser. On ne peut pas imaginer une croissance infinie dans un monde fini. C'est vrai. Le soleil finira bien par s'éteindre. Cette chanson-là, on la connaît. C'est la chanson de Malthus ; c'est la chanson des rendements décroissants de Ricardo. On va y revenir. C'était l'épée de Damoclès suspendue sur la tête de l'industrie moderne naissante, au début du XIXe siècle. L'homme pollue, l'homme détruit. Ce que l'on a appris depuis, c'est que le propre de l'économie, son véritable talent extraordinaire c'est de *faire plus avec moins.* L'homme est une sale bête, c'est vrai. Mais il a une qualité extraordinaire. L'*homo oeconomicus,* si souvent critiqué, est capable d'un exploit : il consomme moins qu'il ne produit.

L'erreur de Malthus a été d'imaginer une malédiction simple et totalement fausse : l'homme se multiplie plus vite que les ressources alimentaires. Il est confronté à un dilemme : ou il se résigne à faire moins d'enfants ou il est condamné à mourir de faim. L'histoire a prouvé que Malthus s'est mille fois trompé. La croissance de la population depuis le XVIIIe siècle s'est accompagnée d'une croissance encore plus grande des richesses. Ester Boserup a même prouvé que c'est la croissance démographique qui est à la base du progrès technique et de la croissance économique[72]. La croissance de la population est sur le point de s'achever. La population humaine atteindra 9 milliards, mais ne devrait pas croître au-delà avant longtemps[73]. La « crise » que nous connaissons depuis un demi-siècle, nos difficultés, nos budgets, nos systèmes de retraite ou de santé difficiles à équilibrer nous font oublier, nous cachent l'extraordinaire bond en avant que l'humanité a accompli pendant cette période. Aujourd'hui, l'humanité dispose de plus de ressources que jamais. Non seulement en volume global mais aussi par tête. L'explosion des inégalités qui dénature et masque le phénomène, ne le laisse pas se manifester pleinement dans la vie des gens. Le pire, dans le malthusianisme ce sont les sous-entendus. Malthus avait sous les yeux, à la fin du XVIIIe siècle, l'exemple de la natalité débridée des Irlandais catholiques qui le dégoûtait, lui, le pasteur protestant. Au moment de l'apogée du malthusianisme, dans le deuxième après-guerre, l'Occident riche avait sous les yeux le spectacle choquant de ces hordes d'Africains et d'Asiatiques qui se reproduisaient sur des rythmes de folie. On leur a fait remarquer que s'ils mourraient de faim, c'était parce

72. Evolution et pression démographique, Flammarion, 1970.

73. *Revision of the World Population Prospects*, ONU, 2015.

qu'ils faisaient trop d'enfants. Et, avec une hypocrisie crapuleuse, on leur disait : « si vous voulez être riches, faites comme nous ; faites moins d'enfants ». Ce que le riche blanc oubliait, c'est que s'il était riche, c'est parce qu'il avait, lui aussi, fait beaucoup d'enfants. Il oubliait également que sa richesse était en grande partie due à la spoliation effrénée qu'il avait imposée aux pays du sud. Esclavage, génocides, colonialisme et, *last but not least*, échange inégal. Le malthusianisme est le plus inhumain des contresens a écrit le grand, et oublié, historien André Piettre, inhumain parce qu'il met l'homme, l'humanité, au rang de premier accusé. C'est encore plus vrai avec le malthusianisme qui sévit de nos jours (déguisé en écologisme). Les plus extrémistes des malthusiens, les plus idiots, révèlent cette haine de l'Homme. Comme ceux qui se sont félicités de voir les animaux reprendre possession de la nature, à Tchernobyl.

Le mystère de la croissance endogène. Une des tares les plus lourdes de l'économie traditionnelle, c'est d'être fondée sur l'hypothèse des rendements décroissants. Les rendements décroissants traduisent le principe simple, selon lequel l'utilisation des ressources aboutit inévitablement à une baisse des rendements de celles-ci. Si je bois plusieurs verres d'eau, la satisfaction que je tire du cinquième sera inférieure à celle du premier. L'économie classique a généralisé ce principe à la production : si j'emploie de plus en plus d'hommes, la productivité des derniers sera plus faible. Si j'exploite de plus en plus de terres, leur productivité ne pourra que baisser, puisque je mettrai en culture des terres de moins en moins fertiles. Dans l'économie classique, ce sont les rendements décroissants qui expliquent le comportement rationnel du consommateur qui le mène à son optimum. Ce sont les rendements décroissants qui permettent à l'entreprise de maximiser son profit. En théorie.

Dans les années de la grande prospérité de l'après-guerre les économistes se sont, enfin, posé le problème de la croissance. Enfin parce que la théorie néoclassique, pourtant contemporaine de la révolution industrielle, ne s'en était guère souciée jusque-là. Au moment où elle devenait « science » en utilisant le calcul différentiel, l'économie « oubliait » le phénomène majeur de nos sociétés. Dans les années 1950, les théories de la croissance ont surgi et se sont multipliées. Elles partaient toutes d'une fonction on ne peut plus simple : P=f(K,L), avec P désignant la Production, K le capital et L le travail. La production est une fonction du capital et du travail. Si on a plus de machines et d'hommes, on produit plus. Élémentaire. Mais la fonction était loin d'expliquer la totalité de la croissance.

La mesure de notre ignorance. Pour avoir des résultats plus probants, il a fallu injecter un peu de qualitatif dans la fonction. On l'a fait. Certains ont intégré le progrès technique dans le capital, d'autres la productivité dans le travail. Résultat ? Dans le meilleur des cas, on arrivait à expliquer ainsi la moitié de la croissance. On a ainsi rafistolé la fonction (P=f(K,L)+r) pour y ajouter un mystérieux « r », le « facteur résiduel », c'est-à-dire la part de la croissance que l'on n'arrivait pas à expliquer. Et le résidu était gros : pour la France, il « expliquait » 2,6 % des 5,1 % de croissance sur la période de Trente Glorieuses ! Robert Solow ne pouvait que constater : « Le facteur résiduel est la mesure de notre ignorance ». C'est cette science hémiplégique, qui ignore les causes de la moitié de la richesse produite est pourtant devenue la maîtresse du monde. Au cours des dernières décennies, la recherche économique a quelque peu défriché la jungle impénétrable du facteur résiduel, notamment dans le cadre de ce que l'on appelle la théorie de la croissance endogène. La découverte majeure est qu'il existe bel et bien des « rendements croissants » liés à des phénomènes aussi divers que les économies d'échelle (internes ou externes) à l'accumulation de connaissances, au développement de l'enseignement ou des infrastructures. Cela signifie en clair que plus nous produisons, plus nous devenons performants. Il est des biens, notamment immatériels, qui, une fois produits, ne coûtent plus rien. Un logiciel informatique, comme le théorème de Pythagore, une fois mis au point peut fonctionner pendant des siècles sans consommer la moindre richesse.

Au contraire, il en produit, et il en produit encore d'avantage et encore mieux, s'il est enrichi par un autre logiciel. Et ainsi de suite ; par effet de synergie, les nouvelles richesses coûtent de moins en moins à produire. Un réseau devient de plus en plus efficace au fur et à mesure qu'il grandit. Et que l'on ne s'enferme pas dans une vision matérielle de la richesse : la véritable richesse que l'homme produit désormais, c'est l'information, l'information et son traitement. Internet, c'est de l'information, l'ADN, c'est de l'information, les biotechnologies, c'est de l'information. L'intelligence, ce réservoir inépuisable, c'est de l'information. Voilà donc une bonne nouvelle. Et il y en a une autre, qui a du mal à pénétrer dans la cervelle étroite des néolibéraux : une des sources incontournables des rendements croissants, c'est l'État, ce mal aimé (voir chapitre 3). Les alarmistes néomalthusiens n'ont pas intégré cette donnée fondamentale et ils continuent d'extrapoler toute sorte de catastrophes sur la base de la pire erreur que l'on puisse commettre lorsqu'on imagine l'avenir. Faire des prévisions en partant de « si ça continue comme ça ». Ah ce « si » ! Combien de bêtises a-t-on écrites qui commencent par « si ça continue comme ça... ». En économie, comme dans la vie, rien « ne continue comme ça ». Si vous extrapolez la taille d'un homme de 50 ans sur la base de sa croissance entre sa naissance et cinq ans, vous obtenez un géant de quatre mètres de haut. Est-ce raisonnable ? « Si tous les Indiens savaient lire »... Ils sauraient que « si on continue à couper des arbres », on peut continuer à l'infini, à condition d'en replanter. Les Scandinaves qui produisent massivement du bois et de la pâte à papier ont des forêts qui se portent comme un charme. La forêt française est aujourd'hui deux fois plus étendue qu'au milieu du XIXe siècle. Depuis 2008, la Chine a planté plus de 13 millions d'hectares de forêt. L'équivalent de 185 571 428 terrains de football (et demi)[74], pour reprendre une unité de mesure chère à nos amis catastrophistes. On peut pêcher des poissons, à condition de leur laisser le temps de se reproduire, on peut les élever, comme on fait avec les vaches ; on peut continuer à utiliser du cuivre, à condition de le recycler en attendant d'avoir un substitut. Alors, tout va bien ? Bien sûr que non. Les villes chinoises étouffent et la Méditerranée est une poubelle. Mais qu'on nous laisse au moins l'espoir, car l'espoir est toujours pertinent. Tout est possible parce que, grâce au génie de l'homme, rien ne continue comme ça.

74. Etude réalisée par l'université de New South Wales, publiée par la revue *Nature Climate Change*, 2015.

CHAPITRE 5

Pauvre France

Ce qu'on te reproche, cultive-le, c'est toi-même.

Jean Cocteau

Si la calamité économique avait une patrie ce serait sans nul doute la France. Depuis des années, notre pays est l'objet d'un *french bashing* incessant. Cette avalanche de critiques nous vient des pays anglo-saxons, où l'on voit l'Hexagone comme la momie sclérosée d'un modèle économique et social dépassé. Mais, et c'est plus grave, le *french bashing* a sa branche hexagonale, qui est particulièrement féroce. Toute une génération d'économistes, journalistes et intellectuels de toute sorte a fait du « déclinisme » une affaire florissante. De feu Jacques Marseille en passant par Michel Godet et Nicolas Baverez jusqu'à Agnès Verdier-Molinié, la litanie est la même : les Français ne comprennent rien à l'économie, la France court à la catastrophe.

Que la France ait des problèmes on s'en doutait un peu. Qu'elle soit dans un état aussi lamentable serait bien étonnant. En réalité, les « déclinistes » ne sont que les militants, mal camouflés, d'un libéralisme qui trouve sa victoire incomplète et d'une certaine droite revancharde qui aimeraient que la France ne soit plus elle-même et qu'elle abandonne le peu de « modèle français » qui lui reste. La Sécurité sociale, le SMIC, les 35 heures.

Le *french bashing* et ses dessous. Une créature anglo-saxonne. « On dit que la France est immortelle, c'est parce qu'elle connaît un déclin sans fin », disait avec une perfidie toute britannique madame Thatcher. Dans les médias américains et anglais, la moindre occasion est bonne pour fustiger la France..

A l'occasion de l'élection présidentielle de 2012, *The Economist* détourne un célèbre tableau de Manet et montre les deux candidats courtisant une France nue. Le titre est « La France dans le déni » Sous entendu : le déjeuner est sur l'herbe mais le pays est sur la paille.

En novembre 2012, *The Economist* présente la France comme une bombe à retardement au cœur de l'Europe

Dans un article de *Newsweek* qui fit beaucoup de bruit en 2014, et sobrement intitulé « La chute de la France[75] », Janine di Giovanni se lance dans des considérations pour le moins sidérantes : ainsi la France connaît une véritable fuite « des hommes qui créent la croissance », fuite que la journaliste n'hésite pas à comparer à celle des Huguenots après la révocation de l'édit de Nantes. Elle ajoute : « Et c'est une tragédie pour un pays d'une telle richesse historique. Comme ils disent, le problème est qu'ils n'ont pas de mot pour "entrepreneur". (*They don't have a word for* « entrepreneur »). Où est le Richard Branson français ? Où est le Bill Gates ? » Cette bêtise inouïe de l'absence du mot « entrepreneur » dans la langue française, on l'avait déjà entendue de la bouche de l'inénarrable Georges W. Bush. On pourrait croire qu'elle est citée ici avec un humour décalé. Mais on a beau relire la phrase, on ne voit pas où est l'humour.

75. *Newsweek*, 3 janvier 2014.

Di Giovanni constate quand même les bienfaits d'un système dont elle a pu profiter en tant que mère, pendant son séjour en France, mais elle ajoute aussitôt : « Souvent, c'est du pur gâchis. » Et puisqu'il faut quand même donner des précisions sur la dureté de la vie en France, elle affirme qu'un « demi-litre de lait, par exemple, coûte environ 4 dollars – le prix d'un gallon (3,80 l) dans un magasin américain ». Ce qui, au cours de l'époque, met le litre de lait à quelque 6 euros. Cette précision « déontologique » peut se comparer à celles des cartes de France montrées par certaines chaînes de télé américaines, notamment par CNN en 2005, où Toulouse était en Suisse, Cannes à Perpignan et Lille en bord de mer[76].

Que cache ce french-bashing anglo-saxon ? Le décrypter n'est pas compliqué : il y a chez les tous les Britanniques un peu de Mme Thatcher, qui avait comme credo le célèbre acronyme TINA (*There is no alternative*). La France est la preuve qu'il y a une alternative. La preuve que l'État providence peut encore exister. Or les Anglais, qui ont inventé le *Welfare State* et qui l'ont jeté dans les poubelles de l'histoire, ne peuvent en supporter la survie en France. Ont-ils quelques regrets ? S'agissant des Américains, on sait qu'il y a entre nos deux pays quelques contentieux. Depuis de Gaulle jusqu'au discours de Dominique de Villepin à propos de la guerre en Irak, la France ne s'est jamais distinguée

76. « Fox-news, CNN, les erreurs des médias américains sur la France », Rtl.fr, 21 janvier 2015.

par son empressement à s'aligner sur la diplomatie et la géopolitique américaines. Il faut y ajouter la concurrence qui existe entre deux pays qui se perçoivent comme des modèles à portée universelle. Chacun revendique la paternité de la démocratie et des droits de l'homme, alors on se déchire en famille autour d'un patrimoine, commun certes, mais que l'on décline de manière diamétralement opposée.

Une passion française. Le spectre qui hante la France n'est pas essentiellement un fantasme exotique. C'est un produit typiquement français. En 2006 déjà, Dominique de Villepin s'alarmait : « Je vois surgir une nouvelle population dans notre pays, de nouveaux experts : les “déclinologues”. » Il est devenu impossible, lorsqu'on habite ce malheureux pays, d'échapper au chœur des Pythies et des pleureuses réunies. Certains journalistes en ont fait un fond de commerce. La bibliographie de François de Closets est un véritable film d'horreur avec un suspens insoutenable digne d'Hitchcock : depuis *La France et ses mensonges* (1977), de Closets n'a de cesse de nous mettre en garde : les Français en veulent *Toujours plus* (1982), *Plus encore* (2006) ; Mais *Le Compte à rebours* (1998) a commencé : *L'Échéance (Français, vous n'avez encore rien vu)* (2011) s'approche. *Maintenant ou jamais, une dernière chance pour la France* (2013). Car « la France, en déclin depuis vingt ans, se trouve maintenant en phase de décrochage. Menacée d'être un pays en voie de sous-développement[77] ». De Closets rejoint ici notre vieille connaissance François Lenglet : « Peu à peu, elle dégringole les marches de la hiérarchie économique : elle est en train de devenir la Lozère de l'Europe[78]. »

Les journalistes ne sont pas les seuls à pleurer. Les hommes politiques, les économistes attitrés et les intellectuels de tout acabit s'y mettent. Nicolas Baverez « greffier malheureux et obsessionnel de la décadence », selon Alain Duhamel[79] domine cette morne plaine. Pendant que les uns dressent des bilans comptables calamiteux, et nous annoncent comme Jacques Attali en 2011 que nous serons « tous ruinés dans dix ans », les autres, les Zemmour, Finkielkraut et Houellebecq pleurent sur la « douce France » de leur enfance à jamais perdue.

Les chevaliers du déclin. Croire que l'idée de déclin soit neutre est un leurre. Le « déclin » a une histoire, des moments forts et une identité politique nettement ancrée à droite. Certains, comme de Villepin, ont compris que c'était une arme que la vieille droite libéralo-réactionnaire avait déployée contre Jacques Chirac pour le punir de sa « modération ». Mais le mal est plus profond. L'ancien footballeur Éric Cantona a dit avec ses mots, à l'occasion d'une controverse stérile, une vérité toute simple : « Être français, ce n'est pas chanter

77. *Maintenant ou jamais*, Fayard, 2013.

78. *Tant pis ! Nos enfants paieront*, Albin Michel, 2016.

79. *Les Pathologies politiques françaises*, Alain Duhamel, Plon, 2016.

La Marseillaise, ça c'est être con. Être français, c'est être révolutionnaire[80]. » Effectivement, la France n'a cessé dans son histoire de mettre et de remettre sur la table le couvert de la Révolution. Certaines ont réussi, d'autres ont échoué (la Commune, mai 1968) mais toutes ont durablement façonné la personnalité, le caractère de la France.

La droite réactionnaire n'a jamais digéré ces événements. 1789 a provoqué l'émergence d'une pensée traditionnaliste (Joseph de Maistre, Louis de Bonald) qui a alimenté tous les réactionnaires du XIXe et XXe siècle. En 1936, le Front populaire a déchaîné une avalanche de boue où se mêlait la haine antirépublicaine, antisémite et antimaçonnique. Ceux qui ont un peu de culture historique ne peuvent que constater à quel point les attaques contre les 35 heures et la « fainéantise » des Français sont la copie conforme, antisémitisme en moins, de celles portées contre les 40 heures et les congés payés du Front populaire. Les intellectuels fascistes de l'époque n'avaient de cesse de comparer la France des « buveurs de Pastis » en guinguette et ses voisins, qui de l'autre côté des Alpes ou du Rhin, marchaient au pas et construisaient des autoroutes.

Le poids des mots. On peut ouvrir ici une petite parenthèse lexicologique. Nicolas Baverez, normalien et énarque, doit savoir quelle est l'importance des mots. Ce sont souvent de révélateurs. Il en est un qui revient

80. *Le Monde*, 8 décembre 2009.

souvent sous sa plume et celle de ses amis déclinistes : *Ruines.* Il assène en 2016 : « La France est une URSS qui va à la ruine. On passe du déclin relatif au déclin absolu. Incapable de se réformer, elle est plombée par des résultats économiques en berne… À ce jour, 15 % de sa population vit grâce à l'État providence et 20 % d'une classe d'âge sort de l'école sans savoir ni lire, ni écrire[81]… »

Cette incantation de la ruine en évoque d'autres : « La France est couverte de ruines, ruines des choses, ruine des dogmes, ruines des institutions (résultat d'un) long glissement, des écroulements successifs qui ont accumulé ces énormes tas de décombres. » Ce sont les mots de Lucien Rebatet, dans son tristement célèbre pamphlet collaborationniste et antisémite publié en 1942, et judicieusement intitulées *Décombres.*

Yves de Kerdrel, rédacteur en chef de *Valeurs actuelles,* se félicitait récemment en ces termes de la bonne santé de son journal : « Grâce à vous, abonnés, lecteurs fidèles ou occasionnels, nous avons pu remettre à l'honneur les grandes valeurs éternelles de la France qui doivent rester les valeurs actuelles : le mérite, le respect de l'autorité, le sens de la patrie, l'épanouissement de la famille, la liberté d'entreprendre et, bien sûr, le refus de tous les communautarismes comme celui de la tyrannie des minorités[82]. » Travail, famille, patrie : tout

81. *La Tribune,* 29 août 2016.

82. « Contre la dictature des bien-pensants », Yves de Kerdrel, *Valeurs actuelles,* 5 octobre 2016.

un programme ! Avec en prime cette « tyrannie des minorités » pleine de tristes réminiscences.

Mai 68 et les années 1970 ont de nouveau été des années terribles pour certains. Alain Minc écrit : « Mai 68 est passé par là, qui a donné de saintes frayeurs aux classes dirigeantes[83]. » Le philosophe André Gorz brosse ce tableau des années 1970 : « Les peuples et les entreprises étaient devenus ingouvernables, les marchés étaient saturés, les profits s'effondraient, la croissance se heurtait à des limites physiques. L'argent n'était plus maître dans les usines ni les gouvernements maîtres de la rue[84]. »

Depuis les années 1980, la droite, le capital, appelons cela comme on veut, a lancé sa grande offensive de reconquête victorieuse. Elle a même reçu un cadeau du ciel : l'effondrement du socialisme soviétique. Dans beaucoup de pays où elle s'est imposée, elle a mis en pièces le système de la richesse partagée, de l'État providence, de la Sécurité sociale. Dans beaucoup de pays, mais pas en France. Peut-être parce qu'en France, on n'aime pas le changement, et c'est pour ça qu'on y fait la révolution ; ou alors parce que les Français, dans leur majorité, aiment la France comme elle est. Toujours est-il que la grande offensive bat son plein. Une offensive à la Gramsci, qui vise à la conquête de la société civile et de la culture. On s'attaque aux consciences, selon la maxime du « grand timonier » Mao : « le poisson

83. *L'Argent fou*, Alain Minc, Grasset, 1990.

84. *Le Monde*, 8 octobre 1996.

pourrit toujours par la tête ». Le résultat est probant. « Les déclinistes ont tort mais ils ont converti les Français au déclin », diagnostique le routard des journalistes politiques Alain Duhamel[85]. Selon un sondage CSA de 2013, 73 % des Français estiment que leur pays est « en déclin ».

Le malade imaginaire ?

Mais que reproche-t-on à la France ? La question peut sembler triviale par les temps que nous traversons. Essayons malgré tout de dresser un bilan rapide des fléaux qui touchent le pays. Concentrons-nous sur trois tares que les déclinogues mettent en avant dans leur réquisitoire : un État trop lourd et coûteux, l'assistanat, les 35 heures. Le lecteur comprendra que nous procédions par petites touches et grands traits, le temps – et la patience – nous étant comptés.

Contre l'État : IFRAP fort. Une des spécialités françaises les plus courues est la critique de l'État. Dans un pays où, depuis Louis XIV, l'État joue un rôle déterminant, c'est compréhensible. Les Français pourraient adopter cette belle expression italienne *piove, governo ladro* (il pleut, gouvernement de voleurs !). Dans les dernières décennies, vouer le gouvernement et l'administration aux gémonies est devenu pour les libéraux un réflexe

85. *Les Pathologies politiques françaises*, Alain Duhamel, Plon, 2016.

plus qu'une réflexion. On reproche à l'État son « anémie graisseuse » (Nicolas Baverez), son coût exorbitant, sa générosité. Actuellement, le rôle de fustigateur en chef est dévolu à l'incontournable Agnès Verdier-Molinié. Des écrits en rafale, et une présence médiatique de tous les instants. C'est le « bon client » rêvé des médias : des arguments qui font mouche, des chiffres à première vue imparables et un aplomb déconcertant, comme lorsqu'elle dit : « Je ne suis pas une "militante libérale". On fait de la pédagogie[86]. »

Qui est Agnès Verdier-Molinié ? Elle dirige l'IFRAP (Institut français pour la recherche sur les administrations et les politiques publiques), fondé en 1985 par Bernard Zimmern, qui animait auparavant un lobby anti-impôt les « Contribuables associés ». L'institut, malgré son nom, n'a rien à voir avec la recherche. C'est un *think tank* libéral conçu pour lutter contre « la mafia anti-inégalités », selon les mots de Bernard Zimmern. Le but avoué est de réduire l'État à sa plus simple expression. Dans les statuts de l'IFRAP, le programme est affiché : il faut partir à la découverte des « gisements de privatisations ». « Même si elles ne sont pas intouchables, les dépenses publiques régaliennes, par nature, ne constituent pas un gisement important pour des actions de privatisation. Les dépenses économiques, de développement urbain, d'environnement, de loisirs et de culture sont plus sérieusement concernées mais, comme ce ne sont pas celles qui pèsent le plus lourd dans le total, la privatisation

86. *Libération*, 25 septembre 2013.

d'une partie de ces actions ne peut produire que des effets limités. Restent les dépenses sociales, champ d'intervention privilégié des professionnels de l'intérêt général. Privatiser, c'est donc avant tout aujourd'hui dépolitiser le social. » *Dépolitiser le social* : pour ceux qui n'ont pas compris, Bernard Zimmern précise : « Le social en particulier doit revenir à ses origines, la générosité privée. Car on ne fait pas la charité avec l'argent des autres mais avec le sien propre[87]. » Pour ceux qui décidément ont du mal à saisir, cela signifie qu'il faut ouvrir « Le chantier de la substitution du don à l'impôt là où cela est possible[88]. »

Agnès Verdier-Molinié a l'art de traduire ces ambitions en formules. Elle affirme que l'on peut supprimer des administrations et des fonctionnaires sans que cela remette en cause le paysage : « on a bien réduit le nombre de prêtres, on a toujours les églises et les clochers[89] » ! Bien entendu dans un pays où l'État préfère aider les pauvres plutôt que les entreprises, elle envisage la suppression de toute aide aux démunis avec cet argument imparable « l'aide aux plus pauvres ne sert à rien puisque la pauvreté ne baisse pas[90] ». En 2017, en vue de l'élection présidentielle imminente, Agnès Verdier-Molinié a publié un énième ouvrage sobrement intitulé

87. « L'IFRAP reconnu fondation d'utilité publique », IFRAP, 10 décembre 2009.

88. « Réduire le périmètre public : pourquoi il faut privatiser », IFRAP, 24 novembre 2010.

89. « C dans l'air », France 5, 6 mai 2014.

90. Journal télévisé, France 3, 17 avril 2014.

Ce que doit faire le prochain président. En quatrième de couverture, il est écrit : « Est-ce inconvenant de suggérer ce que DOIT faire le prochain président, en pleine campagne ? Non : car ceci est plus qu'un plan ou un programme. C'est une obligation morale de résultat. »

« Suggérer... une obligation ». Inconvenant ? Le mot est faible.

Un pays d'assistés. Vous l'avez compris, on vous l'a assez répété : la France est un pays d'assistés. Des journaux comme *Le Figaro* ou *Valeurs actuelles* consacrent régulièrement leur couverture à ce mal typiquement français. *Valeurs actuelles* présente en avril 2014 la France comme un fromage plein de trous dans un article intitulé « Ces assistés qui ruinent la France[91] ». *Le Figaro magazine* illustrait en juin 2011 plus sobrement son « Enquête sur la France des assistés » avec la photo d'un jeune homme somnolant dans un hamac[92].

Avant de plonger dans le cœur du sujet, soulignons, à titre anecdotique, quelques détails sans importance. Les journalistes du *Figaro,* chargés de dénoncer l'ignominie de l'assistanat, savent de quoi ils parlent : leur journal est le principal bénéficiaire des aides publiques pour la presse écrite avec 16 millions d'euros en 2015. Quant à *Valeurs actuelles,* ce journal a porté plainte en novembre 2016 devant la Commission européenne contre l'État français, parce qu'il l'a privé de subventions, lui causant un

91. *Valeurs actuelles,* avril 2014.

92. *Le Figaro magazine,* 4 juin 2011.

« préjudice grave, massif et immédiat ». Le motif d'une telle injustice ? Une des conditions pour toucher les subventions était de ne pas avoir été condamné pour racisme, antisémitisme ou incitation à la haine ou à la violence au cours des cinq dernières années. Or, *Valeurs actuelles* ne remplissait pas cette condition... J'allais oublier : l'IFRAP, depuis qu'il a été déclaré fondation d'utilité publique (sous Nicolas Sarkozy) ne touche pas de subventions de l'État, mais les dons qui l'alimentent sont déductibles de l'impôt. C'est écrit en toutes lettres sur le site : « Un don de 100 euros ne vous coûte que 25 euros ». L'IFRAP est donc financé à 75 % par le *manque à gagner* qu'il procure à l'État.

Soyons sérieux. Qu'en est-il du problème sur le fond ? Et bien oui, la France est bel et bien un pays d'assistés. Les malades sont assistés, les chômeurs sont assistés, les mamans sont assistées. Ça s'appelle la solidarité. Elle fonctionne en France selon le principe de l'assurance : on paye une cotisation et on est indemnisé le cas échéant. C'est le même principe que pour une assurance automobile. Bien entendu, il existe des domaines dans lesquels l'assistance se fait sans contrepartie (RSA, CMU, minima sociaux). On est là sur le principe de la charité si cher à l'IFRAP.

Mais le problème de l'assistanat est que la liste des assistés ne s'arrête pas là. Il y en existe bien d'autres. Les agriculteurs, la presse, le cinéma, le théâtre, les buralistes... la liste est longue. Et, plus étonnant encore, les principales bénéficiaires des largesses de l'État en France ce sont... les entreprises. « La principale facture de l'assistanat, c'est l'assistanat aux entreprises… 150 milliards, dites, c'est colossal ! C'est plus que l'impôt sur les sociétés, auquel j'ajouterai l'impôt sur le revenu et une partie des cotisations sociales. » Et ce n'est pas un gauchiste qui dit ça, mais le très libéral Alain Madelin[93]. Il existe en France plus de 6 000 dispositifs d'aide aux entreprises. Une véritable *golden shower.*

Les Français sont ceux qui travaillent le moins d'Europe[94]. Voilà un sujet battu et rebattu. Les chiffres, dans ce domaine plus que dans d'autres, *parlent mais ne disent rien.* Le temps de travail est le résultat d'une moyenne et les moyennes cachent plus qu'elles ne montrent. Si vous mettez un homme la tête dans un congélateur et les pieds dans un four, en moyenne, il sera à la bonne température. Les Français travaillent en moyenne 39,1 heures par semaine et 1 652 heures par an[95]. Les statistiques sont polluées notamment par l'existence du travail à temps partiel. Le pays où l'on travaille le moins en Europe, ce sont les Pays-Bas, parce que le taux de travail partiel y est important. La France travaille sensiblement autant que les Allemands en données brutes, mais c'est encore une fois le temps partiel qui réduit l'écart. Il n'y a que deux pays occidentaux développés où l'on travaille réellement plus qu'en France : les États-Unis et la Grande-Bretagne.

---

93. « Spécial investigation », Canal+, 21 mars 2016.

94. *Le Figaro,* 16 juin 2016.

95. Chiffres DARES 2015.

Pour les autres, la règle est simple : plus la durée du travail est longue, moins le pays est développé.

En réalité, la durée du temps de travail n'a qu'une importance secondaire. Mais en France, c'est devenu un prétexte dans l'affrontement idéologique gauche/droite, de plus en plus vidé de son sens. Le sujet n'en finit pas de fournir de la matière comique. Ainsi, beaucoup d'observateurs se sont félicités de l'assouplissement apporté aux 35 heures par le gouvernement Valls. François Lenglet a calculé, avec la précision qu'on lui connaît, que Renault a économisé ainsi 4 % en dépenses salariales. 4 % ce n'est pas énorme. Surtout si l'on sait que les frais de personnel ne représentent que 7 % des dépenses d'exploitation de Renault. On a donc économisé 4 % de 7 %, ce qui fait le montant astronomique de 0,28 %. Bravo. Avec ça, Renault est paré pour tailler des croupières à la concurrence internationale.

La palme revient à Jean-Baptiste Lemoyne, sénateur LR, qui met sur le dos des 35 heures une autre tare française : « Forte productivité, beaucoup de vacances, forte consommation d'antidépresseurs : voici le résultat des 35 heures[96]. » La vérité est bien simple : ce qui importe dans le travail, ce n'est pas la durée mais l'efficacité. Or, la France est un pays où la productivité du travail est très forte. Plus forte qu'en Allemagne, plus forte qu'en Angleterre. L'hebdomadaire libéral *The Economist* l'a dit d'une manière on ne peut plus claire : « Les Français pourraient être en congés le vendredi, ils

---

96. LCP, 9 septembre 2016.

produiraient encore davantage que les Britanniques en une semaine[97]. » Il n'y a rien à ajouter.

Ou plutôt si. Ce n'est pas parce que les Anglais travaillent plus qu'ils gagnent plus, c'est exactement le contraire : c'est parce qu'ils gagnent moins qu'ils sont obligés de travailler plus. Parmi les pays européens « occidentaux », seuls la Grèce et le Portugal ont un taux de salaire horaire inférieur à celui des Anglais. C'est parce qu'ils n'arrivent pas à joindre les deux bouts que les Américains sont obligés de prendre moins de congés que les Japonais. Et de travailler jusqu'à des âges canoniques. En 1970, les États-Unis étaient le pays du monde où la durée du travail était la plus courte. Aujourd'hui, la moitié de la population américaine la plus pauvre a le même revenu qu'en 1970. Travailler plus pour gagner moins. Fillon en rêve, les Anglo-Saxons l'ont fait.

Vive la France

Le lecteur aura compris que lorsqu'on parle de la France et que l'on est économiste libéral, on a souvent le regard automatiquement brouillé par les préjugés idéologiques. Peut-on en parler calmement ? Essayons.

La France rencontre beaucoup de difficultés, il serait stupide de le nier. Mais elle a des forces et des atouts. Oublions les banalités sur la « douceur de vivre », les

---

97. *The Economist*, 14 mars 2015.

paysages et la gastronomie qui ont d'autant moins d'intérêt que ceux qui en font l'éloge aimeraient que l'on prenne la France pour un parc d'attractions ou une grande place Vendôme où les riches du monde entier viendraient passer leurs vacances et faire du shopping. Parlons performances, infrastructures, rayonnement mondial, recherche.

Voici ce que constate le prix Nobel Paul Krugman en 2014 : « Les performances françaises sont pourtant bien meilleures que ce que l'on pourrait penser en écoutant les médias. La France n'est pas la Grèce, elle n'est même pas l'Italie. Mais elle se laisse malmener comme si elle était un cas désespéré. » « Les médias décrivent sans arrêt l'économie française comme un bazar dysfonctionnel, handicapé par une forte imposition et une forte règlementation gouvernementale. Cela fait donc un choc lorsqu'on regarde les chiffres qui ne correspondent pas du tout à cette histoire[98]. » Les chiffres disent que l'agriculture française est l'une des meilleures du monde, que nos travailleurs sont parmi les plus productifs, que notre tissu d'entreprises multinationales n'est dépassé que par les États-Unis. Airbus, Bouygues, Vinci, L'Oréal, LVMH et Kering, Vivendi, EDF, Danone, Lactalis, Axa, Carrefour Michelin, Lafarge, entre autres, sont sur le podium dans leurs secteurs respectifs.

On dit que la France est en voie de désindustrialisation, c'est vite oublier que l'importance du tertiaire est considérée comme *l'indicateur le plus sûr du développement*

98. « La Chute de la France », Paul Krugman, RTBF, 29 août 2014.

économique. De ce point de vue là, la France est au même niveau que les États-Unis, devant l'Allemagne et le Japon. Le fait qu'il y ait de moins en moins de travailleurs dans l'industrie ne veut pas dire que l'industrie a disparu : regardez l'agriculture, elle n'emploie plus que quelque 3 % des actifs, mais elle est une des plus puissantes du monde. L'industrie française n'est que la 3e en Europe, mais en restaurer la puissance ne signifie pas revenir à un emploi industriel massif. Ça, c'est le passé. Le véritable défaut de l'industrie française, c'est la faiblesse de ce que les Allemands appellent le *mittelstand*, les entreprises moyennes. En France, nous avons de belles multinationales, un tissu de petites entreprises très dynamiques, mais entre les deux, il y a comme un ventre mou.

La recherche. Nicolas Bouzou est un jeune économiste, mais déjà adepte du *french bashing* ; aux tares déjà bien connues, il en ajoute une autre : le manque de lucidité. Il y a consacré un livre : *Pourquoi la lucidité habite à l'étranger*[99]. Il s'en est allé à travers l'Europe constater à quel point les autres ont réglé les problèmes que la France n'arrive pas à résoudre. Il a constaté, ébahi, que les Danois traversent dans les clous et il se dit « très impressionné par ce qu'ont fait les Espagnols, les Portugais ou les Grecs… » Ce « libéral schumpetérien », qui a consacré depuis un autre ouvrage à *L'innovation sauvera le monde*[100], manque

99. JC Lattès, 2015.
100. Plon, 2016.

peut-être lui-même de lucidité, puisque la France est l'un des grands pays de l'innovation.

Selon de nombreuses études, dont celles de *Thomson Reuters Intellectual Property & Science*, la France se situe au 3e rang mondial, et ce depuis plusieurs années consécutives. Le CEA, le CNRS, l'Institut Pasteur, l'Inserm, Safran Thalès, Saint-Gobain sont particulièrement dynamiques. Le CEA, souvent classé *premier* parmi les organismes de recherche publics, travaille des domaines aussi divers que prometteurs : microélectronique, robotique, informatique complexe, big data, solaire photovoltaïque, stockage de l'énergie, génomique.

Bien entendu, les problèmes ne manquent pas.

Les déficits publics. Oui, ils sont énormes et doivent être réduits. C'est le résultat, entre autre, d'un des meilleurs systèmes de Sécurité sociale du monde. Notre système de santé est fondé sur un principe simple : plus la maladie est grave, mieux elle est prise en charge. Soigner le cancer ou le diabète, cela coûte des dizaines de milliers d'euros par an et par malade. C'est l'honneur de la France d'offrir ce privilège à ses habitants. Dans le domaine de la santé, on a fait des efforts pour rationnaliser et réduire la dépense. Peu à peu, on y arrive. Le système des retraites a fait l'objet de réformes incessantes. Dans ce domaine, le vieillissement de la population, qui a aggravé le problème, va aussi contribuer, malheureusement, à le résoudre. Les classes d'âge surabondantes du baby-boom vont inévitablement disparaître…

La dette de la France est colossale, comme celle de bien d'autres pays riches. Remarquons toutefois que si l'État est endetté, les ménages, ou les étudiants, le sont nettement moins que dans d'autres pays comme les États-Unis. D'une certaine manière, on a là le résultat d'un choix, d'une énième forme d'État providence. La France a connu dans le passé des moments d'endettement encore plus forts. On a appris qu'il n'y a que trois manières de régler ce problème : l'inflation, la croissance ou les sacrifices. Cette dernière voie est celle que l'on pratique actuellement en Europe ; mais elle a un défaut, ce que l'économiste américain Irving Fisher appelait la *debt-deflation*. La déflation par la dette. On sait que le crédit crée de la monnaie. Le remboursement de crédit *détruit* de la monnaie. Donc faire du remboursement de la dette une priorité, c'est aussi faire le lit de la déflation. C'est exactement dans ce travers qu'est tombé l'Europe. Mario Draghi et sa politique de *quantitative easing* ont essayé de nous éviter le pire.

Le chômage est de tous les problèmes le plus douloureux. Sans entrer dans les méandres de ses mécanismes signalons une donnée simple. En France, le taux de chômage pour les personnes qui gagnent 1,5 Smic ou plus est de 5 %. C'est-à-dire un taux proche de ce que Friedman appelait le « taux naturel », soit le taux incompressible de chômage. Cela signifie qu'en France le problème du chômage est avant tout une question de *formation*. Si on cherche un chantier prioritaire à ouvrir d'urgence, c'est bien celui-là.

Délabrement. Tous nos déclinistes sont d'accord sur un point : ailleurs, c'est mieux. Les références inévitables sont l'Allemagne et les pays anglo-saxons qui sont présentés régulièrement comme un pays de cocagne pour la croissance et l'emploi. C'est vrai que ces pays *semblaient* aller mieux. Les victoires du Brexit et de Donald Trump auraient dû avoir au moins un effet positif : glisser le doute dans la tête de ceux qui, depuis des années, ne cessent de nous donner en exemple la Grande-Bretagne et les États-Unis. Journalistes, économistes et hommes politiques auraient dû réaliser qu'il faut un sérieux *délabrement* du tissu social pour que de tels bouleversements aient pu se produire. Que la forte croissance et le faible taux de chômage de ces pays n'étaient qu'une feuille de vigne cachant une réalité bien scabreuse : le taux de chômage est bas, mais la misère se répand. Que le taux de croissance est fort, mais les inégalités explosent. Précarité, misère, dégringolade du niveau de vie des classes moyennes, le tout aboutissant à une crise morale, et identitaire, qui est tout simplement le signe ultime de l'échec du modèle économique et social ultralibéral.

Il n'en a rien été. On continue à promouvoir des politiques qui ressemblent de plus en plus à celles pratiquées depuis des années dans ces pays, et on cherche désespérément un « Thatcher français ». L'autoflagellation va-t-elle nous mener à faire, après les autres, ce qui a déjà échoué chez les autres ?

Mea culpa. Pour conclure nous aimerions rendre un petit hommage à un journaliste économique, le seul probablement qui a su faire son *mea culpa.* Jean-Marc Sylvestre a été pendant des années la voix de cette économie libérale qui ne cesse d'invectiver contre la France et son modèle économique et social. Le sort a voulu qu'il soit victime d'une infection qui a failli lui coûter la vie. La qualité de système hospitalier français, sa capacité de soigner sans compter, le dévouement et le professionnalisme de son personnel lui ont sauvé la vie. Il a raconté cette expérience dans *Une petite douleur à l'épaule gauche*[101]. Un récit qui détonne dans la littérature économique actuelle.

101. Ramsay, 2003.

CHAPITRE 6

Haro sur l'euro

Le XXᵉ siècle ouvrira l'ère des fédérations
ou l'humanité recommencera un purgatoire de mille ans.

Pierre-Joseph Proudhon, *Du Principe fédératif*, 1863.

On dit que l'argent n'a pas d'odeur mais l'euro sent le bouc. Le bouc émissaire. L'euro est, un peu comme la France, mais pour d'autres raisons, un défouloir pour bon nombre d'économistes. On pourrait croire que les adversaires de l'euro sont ceux qui se révoltent, pour de bonnes raisons, contre le *statu quo*, contre une politique européenne trop libérale et trop rigoureuse. Si ce n'était que cela ! En réalité, la détestation de l'euro cache des sous-entendus scabreux, et les « raisonnements économiques » qu'elle génère atteignent des sommets. Les analyses les plus inutilement sophistiquées (« zones monétaires optimales ») côtoient sans vergogne la démagogie la plus basse et les mensonges les plus éhontés.

L'euro comme un bouc

Que reproche-t-on à l'euro ? Les griefs faits à l'euro sont innombrables et divers et, comme il convient à un bon bouc émissaire, on lui reproche tout et n'importe quoi. On y trouve des critiques, à première vue raisonnables, mais aussi et surtout ce que l'économie a produit de plus inquiétant pour l'intelligence, de plus improbable pour le bon sens et le moins ragoûtant pour les sous-entendus.

La liste de reproches est bien connue (et la cohérence n'est pas de mise).

L'euro a fait augmenter les prix. Voilà la première critique, la plus courue, et la moins justifiée. N'importe qui sait, ou devrait savoir, que les prix dans la zone euro ont moins augmenté qu'aux États-Unis ou en Grande-Bretagne. Sur la période 2000-2016, les prix ont augmenté en France de 24 % contre 43 % aux États-Unis[102]. L'euro a été conçu comme une monnaie anti-inflation, et il a parfaitement joué ce rôle. Les hausses, bien réelles, sont dues à toute sorte d'autres causes : l'augmentation des impôts et taxes, la ruse inévitable des marchands qui, par un miracle arithmétique, sont passés de prix « psychologiques » en francs (99 F) à d'autres prix tout aussi psychologiques exprimés en euros. Même nos réflexes pavloviens ont joué : avant et après l'euro, on laisse toujours en pourboire les mêmes pièces jaunes.

L'euro fait baisser les prix. Après nous avoir asséné pendant des années que l'euro faisait augmenter les prix, voilà qu'avec quelques années de retard, journalistes et économistes ont enfin compris à quel point ils s'étaient trompés. Depuis que la déflation montre le bout de son nez, ils s'inquiètent de cette (nouvelle) tare de la monnaie unique. Cette analyse est plus rationnelle et plus proche de la vérité. À force de vouloir lutter contre l'inflation, on a effectivement créé une situation

102. Chiffres Eurostat.

déflationniste. Malheureusement, avoir raison trop tard, c'est encore avoir tort. Entre-temps, la BCE et Mario Draghi ont changé leur fusil d'épaule. La BCE pratique, depuis la crise de 2008 (mais après un temps bien long de réflexion), une politique inflationniste. La fameuse politique de QE (*quantitative easing*) consiste à injecter massivement des liquidités dans l'économie. 80 milliards d'euros par mois. Les obtus continuent à réclamer que l'on fasse tourner la « planche à billets », comme aux USA ou au Royaume-Uni. On le fait. Le problème est que cela ne marche pas.

L'euro est trop fort. L'euro a été voulu et conçu comme une monnaie forte. Une monnaie forte, cela signifie peu d'inflation à l'intérieur et un taux de change avantageux à l'extérieur. Une monnaie forte permet d'acheter les produits étrangers moins chers ou d'aller, par exemple, passer une semaine à New York sans se ruiner.

Bien entendu, les produits européens deviennent plus chers. Et donc, théoriquement, plus difficiles à vendre. Pendant des années, on a martelé que l'euro était trop fort et que cela ruinait la compétitivité de nos entreprises. Tous ses adversaires convergent sur ce point. C'est vrai, mais encore faut-il ne pas surestimer l'impact d'une monnaie forte. Les Allemands avaient du temps du mark une monnaie on ne peut plus forte ; cela ne les a jamais empêchés d'exporter. Évidemment, il faut que les produits aient d'autres qualités que le prix. Les voitures allemandes coûtent cher, mais on les vend comme des petits pains. Pourquoi ? Parce la « *deutsche qualität* » est bien connue. Italiens, Grecs et Français n'ont pas toujours su négocier le virage de la qualité.

En 2013, le ministre de l'Économie et du redressement productif Arnaud Montebourg l'affirmait : « Si l'euro était dévalué de 10 %, nous gagnerions 150 000 emplois[103]. » À ce moment-là, l'euro valait 1,38 dollar ; depuis il a baissé de bien plus que 10 %. Où sont les emplois ? Mario Draghi a fait ce que beaucoup estimaient impossible : il a fait baisser l'euro. Le plus drôle dans cette histoire, c'est que tous ceux qui rêvaient d'une « dévaluation » n'ont pipé mot. Pourquoi ? Parce qu'on l'a fait sans casser la baraque ? Parce que malgré un effet positif, cela n'a pas déclenché le miracle attendu ?

« Mais il n'a rien compris », disent les europhobes incorrigibles. Faire baisser l'euro ne suffit pas ! Ce qu'il faut, c'est faire baisser le *franc*, la *lire*, la *drachme* par rapport au *mark*. Car le vrai problème, ce n'est pas d'être compétitifs avec les États-Unis ou la Chine, mais avec l'*Allemagne*. Cachez le naturel, il revient au galop. Ce qu'il faut, c'est se déchirer entre Européens. Se livrer à des dévaluations compétitives fratricides. L'ennemi, c'est encore et toujours le Boche.

La zone euro n'est pas optimale. Les économistes les plus affûtés critiquent l'euro au nom de la théorie des « zones monétaires optimales », émise dans les années 1960 par Robert Mundell, lauréat du prix Nobel en 1999. Pour qu'une monnaie unique fonctionne, il faut un certain

103. *La Tribune*, 29 octobre 2013.

nombre de conditions et notamment la mobilité des facteurs de production, le capital et le travail. Or, cette mobilité n'est pas totale, notamment pour le travail. Certains en concluent donc que l'euro, zone monétaire non optimale, ne peut pas fonctionner.

Pour éviter les digressions indigestes, rappelons quelques faits : Robert Mundell a été partisan de la construction monétaire européenne, il y a même participé personnellement. Mundell considère que les États-Unis n'étaient pas une « zone monétaire optimale » ni au moment de la création du dollar, ni après. Faut-il ajouter que Mundell ne serait pas contre une monnaie mondiale unique ? Elle « constituerait un formidable outil de promotion du commerce mondial dans un climat d'ouverture et de transparence. Il n'y aurait plus de crise de change, ni de ces opérations d'arbitrage sur les produits dérivés circulant actuellement dans le monde[104]. »

La perte de la souveraineté monétaire. L'ultime reproche fait à l'euro, le plus résilient, est la perte de la souveraineté monétaire, dont il est synonyme. C'est vrai. Les pays européens ont mis dans les mains de l'Union et de la BCE une bonne partie de leur pouvoir, notamment celui de « battre monnaie ». Si l'on croit en l'Europe, c'est le prix à payer. Quand on s'inscrit à un club, il faut acquitter le droit d'entrée, si on veut profiter de ses services. Ce « club » qu'est l'UE est, nous semble-t-il, un

104. Bulletin du FMI, 12 mars 2001.

club démocratique, dirigé par des responsables, distants peut-être, mais élus au suffrage universel ou choisis par d'autres responsables élus au suffrage universel.

Les avantages que la France a tirés de l'euro sont énormes : facilitation des échanges avec nos principaux partenaires, limitation du risque de change, taux d'intérêt bas et fin de « la contrainte externe ». La « contrainte externe » a été pendant des décennies ce qui a empêché la France de faire ce qu'elle voulait. Théoriquement, elle était indépendante et souveraine, concrètement elle était pieds et poings liés. Lorsque sous François Mitterrand, la France a lancé une grande politique de relance (comme celle que souhaitent aujourd'hui bon nombre d'adversaires de l'euro), la consommation a augmenté et son déficit extérieur s'est creusé. Le franc a dévissé et sa dévaluation n'a rien changé. Il a fallu dare-dare faire marche arrière. C'est pour pouvoir refaire cela qu'il faut sortir de l'euro ?

Sortir de l'euro (et trouver Sapir)

L'euro est une calamité, il faut donc en sortir. Pour Jean-Jacques Rosa, professeur d'économie plus que libéral, c'est d'une simplicité biblique : la sortie n'est pas un « horrible et exceptionnel fantasme », « elle n'a rien que de très banal. Aujourd'hui, la monnaie est essentiellement scripturale, concrètement, des comptes en banque. Du jour au lendemain, vous décrétez que votre compte de 3 000 euros est désormais de 3 000 francs[105]... »

C'est vrai que, vue ainsi, la chose paraît tentante. Tant qu'on y est, on pourrait même envisager, pour carnaval, des sorties de l'euro à thème. Selon les années, on pourrait revenir aux sesterces, au carlin ou à l'obole. La sortie de l'euro est en réalité une affaire aussi hypothétique que complexe. Dans ce domaine, on a tout imaginé. La sortie des pays fragiles, la création de deux euro (un fort pour le nord, un plus faible pour le sud), la sortie (par le haut) du seul mark allemand, voire la sortie sans sortie, avec la création d'un franc-euro pour l'extérieur, couplé à un franc-franc pour l'intérieur comme le préconise – si l'on comprend bien – Marine Le Pen.

Mais le vrai spécialiste de la sortie, c'est l'économiste Jacques Sapir qui réfléchit sur ce sujet depuis des années et a consacré à la chose une étude détaillée[106]. Le scénario ressemble à un évangile de la rédemption, en voici les étapes :

1. La France sort de l'euro, l'euro explose, le « franc » est immédiatement dévalué.
2. « La France retrouverait donc la compétitivité qu'elle a perdue depuis l'engagement dans la logique de l'euro, c'est-à-dire depuis en réalité le début des années 1990. »

---

105. « L'euro est un contresens économique », Jean-Jacques Rosa, *Le Figaro*, 10 juin 2011.

106. *Sortir de l'euro*, Jacques Sapir, sur son blog, 17 février 2016.

3. Cela « entraînerait une forte croissance pendant une période de trois à cinq ans qui se traduirait par des créations d'emplois importantes ».
4. « Si l'on procède à une dépréciation forte de la monnaie, on obtient au bout de trois ans une forte baisse du chômage (de 1,5 million à 2,5 millions suivant les hypothèses sur le marché de l'emploi). »
5. Ceci entraînerait un équilibre (voire un solde positif) de l'assurance chômage.

Au terme de ce processus miraculeux, on peut objecter : que se passe-t-il si d'autres pays dévaluent ? Sapir a la réponse. L'excédent « monstrueux » de l'Allemagne disparaîtrait et « serait pour partie recyclé dans un excédent français qui, à son tour, disparaîtrait au profit de l'Italie, de l'Espagne et de la Grèce et du Portugal ». Tout cela aboutissant en définitive à « une forte croissance non seulement pour la France, mais aussi pour l'ensemble de l'Europe du Sud[107] ». Un miracle qui ferait les affaires de tout le monde, sauf de l'Allemagne. Qui bien évidemment laisserait faire sans réagir.

On le voit donc pour Sapir (et les autres), tout se joue autour des prix, car « la compétitivité prix reste largement dominante ». La sortie de l'euro accomplit le miracle instantanément : une économie non compétitive le devient par un coup de baguette magique. Sur ce point décisif, on peut émettre quelques doutes : il y a

107. *Ibidem.*

mille raisons qui déterminent une décision d'achat. Le prix n'en est qu'une et pas forcément la plus importante. L'Allemagne, avant et après l'euro, a toujours eu une monnaie forte : est-ce que ça l'a handicapée ? Fondamentalement, non.

Autre question : est-ce que les banques tiendraient le choc ? Là aussi, la réponse de Jacques Sapir est tranchante : « Pour les sociétés financières (banques et assurances), une étude de la Banque des règlements internationaux (BRI) de Bâle montre que le système bancaire français peut parfaitement digérer ce choc, dont le montant agrégé ne dépasserait pas les 5 milliards d'euros (soit le montant de la fraude attribuée à Jérôme Kerviel). »[108] Si la BRI le dit…

Soyons sérieux. Envisager une sortie de l'euro, c'est ouvrir la boîte de Pandore. Aucune intelligence ne peut décemment prévoir l'impact que cela pourrait avoir. Les bénéfices escomptés sont plus qu'hypothétiques : les avantages concurrentiels seraient annulés par les effets inflationnistes et surtout par la surenchère que cela provoquerait. La soi-disant liberté retrouvée des différentes banques centrales ne pourrait mener qu'à financer le déficit par la planche à billets et à déchaîner une spéculation contre les monnaies que personne ne pourrait maîtriser. Le règlement de la dette déclencherait un casse-tête juridique insoluble. Sans oublier les inévitables difficultés pour les consommateurs, pour les épargnants, les banques et surtout les entreprises.

108. *Ibidem.*

En réalité, tout cela n'est qu'œuvre de pure fiction et toute tentative d'évaluation des coûts et des avantages n'est que spéculation sur le sexe des anges. Alors rien n'est possible ? Non, tout est possible, surtout le pire.

L'exemple des années 1930 doit être bien présent à l'esprit. Après avoir poursuivi le retour à l'étalon-or (la « relique barbare », selon la formule de Keynes), et provoqué la crise par des politiques déflationnistes, les gouvernements occidentaux ont tous misé sur la dévaluation. Le résultat, on le connaît. Le commerce international n'a pas baissé, il ne s'est pas effondré, il a tout simplement disparu. Le seul « commerce international » qui a subsisté se faisait au sein des « zones monétaires » c'est-à-dire, pour l'essentiel, au sein des empires coloniaux. On connaît les conséquences. Elles furent funestes et pourtant, à l'époque, les échanges étaient beaucoup moins développés qu'aujourd'hui.

L'euro est mort, vive l'euro

« L'euro se noie. L'euro s'est noyé. C'était prévisible. C'était prévu par beaucoup, et notamment par les auteurs de ces lignes, dès le début des années 1990. Aujourd'hui, ce qui était prévu est arrivé. » Voilà ce qu'écrivaient triomphalement Jean-Jacques Rosa et Philippe Villin dans *Le Figaro* du 18 mai 2010. Au cours des dernières années, les annonces de décès de l'euro n'ont pas manqué.

Jacques Sapir, encore lui, a empilé les prédictions mémorables : en 2011, il prévoit que « la crise terminale de l'euro aura lieu à l'hiver 2011-2012[109] ». En 2014, il corrige : « l'euro ne survivra pas à l'année 2015[110] ». Il n'est pas le seul. Emmanuel Todd avait également annoncé, le 4 janvier 2011 : « je serais très étonné que l'euro, dans sa forme actuelle, survive à l'année 2011 ». Jacques Attali, plus prudent, lui, avait donné 50 % de chances de « passer Noël » : « Est-ce que l'euro existera toujours à Noël ? Il y a plus d'une chance sur deux pour que la monnaie unique ne soit plus là ou du moins qu'elle soit en train de se défaire[111]. »

Selon l'historien britannique Niall Ferguson, Paul Krugman a annoncé l'explosion imminente de l'euro *onze fois* entre 2010 et 2012[112]. Non seulement, il n'en a rien été mais, dans cette période deux pays ont rejoint la zone (Slovaquie et Estonie) suivis par la Lettonie en 2014. Onze fois, il a annoncé l'imminence de l'apocalypse. Le 17 mai 2012, il écrit : « Nous ne parlons pas d'une prospective lointaine. Tout peut s'effondrer à une vitesse étourdissante, c'est une question de mois non d'années. »

Tous ces Nostradamus suivent le chemin brillamment tracé par Milton Friedman qui annonçait la « mort » de l'euro avant même sa naissance. Dans une interview à la

---

109. « Ce soir ou jamais », France 2, 7 avril 2011.

110. Radio « La Voix de la Russie ».

111. *20 minutes*, 25 novembre 2011.

112. « Krugtron the Invincible », *The Huffington Post*, 10 août 2013.

revue *Géopolitique* en 1996, à la question « Croyez-vous à la possibilité d'une monnaie unique en Europe ? » Il répondait : « Pas de mon vivant en tout cas. Du vôtre peut-être, encore que je sois sceptique, mais pas du mien. Je ne crois pas à la création d'une monnaie unique en Europe dans les années à venir. Pas plus en 1997, qu'en 1999, qu'en 2002. » Et il ajoutait, à propos de la possibilité que l'euro devienne une monnaie de réserve : « L'euro comme monnaie de réserve ? Soit, mais quel bénéfice les Européens croient-ils qu'ils retireraient de cette promotion ? Les États-Unis ne tirent guère avantage du fait que le dollar constitue la monnaie de réserve internationale. » Ce qui est, avouons-le, une des plus grosses bêtises que nous avons eu l'occasion de lire en préparant ce livre. Et Dieu sait si nous en avons lues[113] !

L'avantage que les États-Unis tirent du dollar monnaie internationale est non seulement réel, il est faramineux. Les États-Unis ont un commerce extérieur déficitaire depuis 1971, ce déficit est chronique et conséquent : selon les années, il varie entre 100 et 400 milliards de dollars par an. Les États-Unis payent ce déficit avec des dollars qui, au lieu de revenir aux États-Unis, se promènent à travers le monde ; ils servent notamment à acheter du pétrole qui ne peut être payé qu'en dollars, ou sont stockés en réserve par les banques centrales. Concrètement, cela signifie que les États-Unis ne *payent pas* leur déficit. En réalité, ils payent leurs achats avec des chèques que personne ne remet à l'encaissement. Et

113. *Géopolitique* n° 53, printemps 1996.

lorsqu'ils n'ont plus d'argent, ils émettent des emprunts que les Chinois, ou d'autres s'empressent d'acheter. Les Chinois prêtent ainsi des dollars aux Américains pour qu'ils continuent d'acheter leurs produits. Le dollar, s'il n'était pas monnaie de réserve, aurait dû baisser sans arrêt depuis 1971. Il n'en a rien été. La conséquence est que les États-Unis jouissent d'une sorte de plan Marshall à l'envers et qu'ils vivent, depuis 1971, à crédit. Certains pays ont commencé à utiliser l'euro comme monnaie d'échange ou de réserve pour échapper à la servitude du dollar. Certains ont même voulu créer un marché du pétrole en euros. La Lybie de Khadafi, l'Irak de Saddam Hussein, le Venezuela de Chávez, l'Iran, la Russie.

Une des qualités de l'euro, c'est qu'il constitue la seule alternative à la domination du dollar comme seule monnaie internationale. Ce qui dérange le plus dans l'euro, au-delà de sa réussite, c'est le fait qu'il symbolise, qu'il incarne, l'élan vers l'Europe telle qu'elle pourrait être. On a reproché aux billets et aux pièces leur aspect anonyme et banal. C'est vrai que l'imbécillité des responsables a écarté l'illustration des billets par des hommes illustres avec le prétexte que la hiérarchie aurait pu froisser la susceptibilité des uns ou des autres. Soit. Reste néanmoins que les symboles sont là sous la forme de ponts, fenêtres et portes. Oui, le pont est un symbole pertinent. Surtout à un moment où il n'est question que de construire des murs. Car l'euro a été conçu pour rassembler et mener plus loin.

Quitte à en traumatiser plus d'un, disons que l'euro n'est qu'*accessoirement* un problème économique. C'est ce que les prix Nobel américains Krugman et Stiglitz n'arrivent absolument pas à comprendre. Il faudrait juger l'euro comme on n'a pas eu le temps de juger l'unification allemande. Il fallait le faire, *donc on l'a fait.* Si le chancelier Kohl avait demandé l'avis des experts avant de procéder à l'unification, on en serait encore à verser des torrents d'encre et de salive. L'unification aurait été renvoyée aux calendes grecques (les bien nommées). D'ailleurs Helmut Kohl a donné le meilleur argument pour l'euro : *je suis pour l'euro car mon frère est mort à la guerre.*

L'euro a été créé parce qu'il fallait le créer et, à la limite, au diable l'économie. « Les obstacles furent nombreux et redoutables, mais ils furent surmontés, en dépit des pronostics et des prophéties de cohortes de professeurs et d'experts. Qu'un Allemand proposa à ses compatriotes d'abandonner le deutschmark, la première monnaie stable dans l'histoire moderne de l'Allemagne, passait pour de la folie douce et de surcroît ruineuse. » « Nous avons simplement fait ce qu'il fallait absolument faire[114]. » Avec les incertitudes qui pèsent actuellement sur l'avenir de l'Europe après le Brexit, l'euro a une autre qualité, que ses adversaires comprennent comme sa tare absolue : Aujourd'hui, c'est l'euro qui *tient* l'Europe ; l'euro est la *ligne de vie* d'un navire en perdition. Si l'euro venait à disparaître l'Union européenne serait condamnée. Les adversaires de l'euro prétendent que

114. Helmut Kohl, discours à l'Académie des sciences morales et politiques, 13 juin 2003.

l'Union européenne pourrait survivre à la disparition de l'euro, ils disent même, cyniquement, qu'elle pourrait même mieux fonctionner. Balivernes.

Une dernière considération : Pierre Desproges disait « on peut rire de tout, mais pas avec n'importe qui ». Certains adversaires de l'euro sont des personnes sensées et sensibles. Qu'ils prennent garde à être contre l'euro *avec n'importe qui.*

CHAPITRE 7

Le grand marché inique

Je crois à l'économie de marché. Il n'en existe pas d'autre : après un siècle de tâtonnements et d'échecs souvent dramatiques, l'évidence triomphe de Budapest à Paris, de Varsovie à Tokyo, de Moscou à New York.

Alain Minc, *L'Argent fou,* 1990

[…] Il est le soleil qui ne se couche jamais sur l'empire de la passivité moderne. Il recouvre toute la surface du monde et baigne indéfiniment dans sa propre gloire.

Guy Debord, *La Société du spectacle,* 1967

À force de chercher les boucs émissaires là où ils ne sont pas, on risque d'oublier ceux qui, hier encore, étaient montrés comme les vrais responsables des catastrophes économiques actuelles. Il y a encore peu de temps la finance et le marché trônaient sur la sellette. Leur « chute » conjuguée a été proclamée par les plus éminents spécialistes. Alan Greenspan, président de la Fed, a lui-même avoué en 2008 devant une commission du Congrès américain : « je croyais aux vertus autorégulatrices du marché, je me suis trompé ».

Cette remise en cause du marché n'a duré qu'un temps. Le dogme continue de dominer, comme si rien ne s'était passé. Le marché est mort ? Vive le marché. Nous allons montrer que le marché n'est qu'une fiction, même si l'on met le mot « science » devant, et cette fiction reste le pilier de notre économie immobile.

La mort n'était qu'apparente

Le mythe qui est tombé en 2008 est celui de l'autorégulation du marché. On l'a annoncé en des termes grandiloquents aux quatre coins de la planète. L'éditorialiste Martin Wolf écrit dans le *Financial Times* : « Retenez la date du 14 mars 2008. Ce jour-là, le rêve d'un capitalisme global de libre entreprise est mort. » Horst Köhler, président de la République allemande et ex-directeur du FMI renchérit : « Les marchés internationaux se sont métamorphosés en un monstre qui doit être repoussé dans sa tanière. »

Les deux prix Nobel les plus médiatiques de l'époque, Joseph Stiglitz et Paul Krugman, ont participé à la mise en bière du marché. Le premier en affirmant que la chute de Wall Street a été au capitalisme ce que la chute du mur de Berlin a été pour le communisme ; le second en confiant tout simplement qu'il avait *envie de se donner des claques* pour ne pas avoir envisagé la possibilité d'une crise. Il faut dire qu'en cette année 2008, la fameuse « main invisible » en a distribué en abondance, des claques, sur les joues rougies de ses partisans. « L'illusion du marché parfait était d'une naïveté extrême », commente sereinement Thierry de Montbrial, le fondateur de l'IFRI[115]. Le lecteur connaît la suite. En l'espace de quelques mois, une fois les banques sauvées par l'intervention massive et opiniâtre des États, tout cela a été oublié.

En ce début de millénaire tout semblait devoir changer. On a convoqué des commissions spéciales du Congrès, des G20 extraordinaires, on a parlé de régulation et de refonte des normes prudentielles des banques, on a mis deux ou trois traders en prison, les banques ont payé des amendes ridicules, et on a tourné la page.

115. *La Croix*, 27 février 2009.

***Finance* et *marché* sont sur un bateau...** Qu'a signifié réellement la crise de 2008 ? Le capitalisme se présente comme « une économie de marché ». Notre économie est organisée autour de six marchés (des biens et services, du travail, de l'épargne, monétaire, des changes, financier). Tous ces marchés sont censés fonctionner de la même manière et devraient être capables, selon le dogme dominant, de donner à l'économie son optimum, c'est-à-dire la *meilleure solution possible* aux problèmes de la production, du travail, des échanges. À condition qu'on les laisse fonctionner librement.

Comme on le voit, l'essentiel de la mécanique est financière, et ce, de manière de plus en plus évidente avec le temps. Les profanes appellent cela la « financiarisation », mais la finance a toujours été le cœur du système. « Les économies ont les crises de leurs structures », disait justement l'historien Ernest Labrousse. Or en 2008, le cœur a cessé de battre. La crise de 2008 n'a pas été seulement la crise des crédits *subprimes* et de la finance. En se révélant dans le centre nerveux du système, elle a montré que tout le système était malade. Le marché financier a reçu toutes les attentions de l'intelligence économique. On a mis à son service les technologies et les savoirs les plus sophistiqués, on a fait en sorte qu'il soit le plus proche possible des conditions théoriques de son fonctionnement idéal. Le marché financier se devait d'être la *vitrine* de l'économie de marché, son ambassadeur de charme, sa force de frappe.

Le noyau dur de ce credo est l'idée de « marchés efficients ». Un marché efficient est capable de donner le prix *véridique* des choses. Le prix est le point de fixation de l'univers libéral. Il est la résultante de la rationalité des agents et leur guide irremplaçable. Le prix dépend de l'offre et de la demande ; la demande et l'offre dépendent du prix. Si cette mécanique fonctionne, l'économie fonctionne. On a plein-emploi et croissance, prospérité et bien-être.

À l'été 2007, la belle mécanique s'est grippée et le bateau a coulé. Un beau matin, le monde de la finance s'est réveillé avec les compteurs affolés. Les prix des produits financiers sophistiqués qui avaient enrichi les traders et les banques se sont effondrés, pire encore : ils n'avaient plus aucun sens. Ils avaient beau baisser, la demande était absente, elle avait disparu. Privées de l'argent qu'elles avaient englouti dans ces titres, les banques ne pouvaient plus émettre de crédits. Alors que des milliers de milliards de dollars s'étaient envolés, l'économie dans son ensemble était suspendue au-dessus du gouffre.

Le marché financier, avec ses produits sophistiqués, ses algorithmes, ses fonctions stochastiques s'est transformé en un clin d'œil en un lamentable « biglotron », cher à Pierre Dac, tout juste bon à être mis à la poubelle[116]. Ce

116. Le biglotron est, selon Pierre Dac, « la plus étonnante réalisation de tous les temps, et qui à l'instar de tout ce qu'ici bas ne sert apparemment à rien est appelé dans un avenir non seulement à servir à tout, ce qui est la moindre des choses, mais encore et surtout à n'importe quoi. »

système que l'on croyait infaillible n'a été sauvé que par l'intervention massive des États qui ont fait porter à la collectivité entière le poids exorbitant du sauvetage. Le problème réglé, du moins en apparence, on a continué comme avant.

Une construction abracadabrantesque. Les défaillances du marché ne sont pas seulement celles du marché financier. Elles concernent la totalité de l'économie dite, justement, « de marché ». Ici, nous nous heurtons à une sérieuse difficulté. « Ne pas nommer les choses correctement ajoute au malheur du monde », disait Albert Camus. Justement, qu'est-ce qu'une « économie de marché » ? Le problème avec « l'économie de marché », c'est qu'on ne sait même pas ce que c'est.

J. K. Galbraith, dans son dernier petit livre (*Les Mensonges de l'économie*) se demande pourquoi on appelle « économie de marché » notre système économique. La réponse est on ne peut plus claire : « Parce que cette appellation n'a aucun sens ». Nous sommes au cœur de l'imposture économique. Fernand Braudel, notre grand historien, a consacré une partie essentielle de son œuvre à étudier la *dynamique du capitalisme*[117] dans l'Europe en transition entre le Moyen-Âge et la Renaissance. Il relate la longue et lente émergence de deux mondes qu'il distingue nettement : l'« économie de marché » et le « capitalisme ». L'économie de marché, qui a décloisonné la vieille société féodale autour des

117. *La Dynamique du capitalisme*, Arthaud, 1985.

foires et des villes « franches » échappant à l'autorité royale ou impériale, est caractérisée par l'échange loyal, transparent, « les yeux dans les yeux » et « la main dans la main ».

Le capitalisme, qui s'est développé dans les réseaux commerciaux ou bancaires de « l'échange lointain » est dès son origine « opaque, monopoliste, mondialisé », il est bien entendu « financier », comme son nom l'indique. Le capitalisme, c'est l'échange « le couteau sous la gorge ». En un mot comme en cent : « le capitalisme, c'est l'anti-marché ». Braudel constate que le capitalisme, cette négation du marché, s'est imposé sur le marché. Il montre également comment le capitalisme se nourrit des inégalités. Celles qu'il crée, mais également celles qui le précèdent. Il a besoin d'elles pour venir se greffer sur les systèmes sociaux et les parasiter. Il s'est greffé ainsi sur les sociétés féodales, sur les sociétés démocratiques issues des révolutions du XVIIIe siècle. Il s'est enfin greffé sur les sociétés issues du communisme, elles aussi profondément inégalitaires.

Nos économistes n'ont que faire de cette belle leçon. Ils nagent dans la confusion et le mensonge. Ils continuent de nous présenter le *capitalisme* comme une *économie de marché*, c'est-à-dire son contraire. On nous vante une fiction intemporelle qui aurait toujours existé, y compris du temps de Cro-Magnon, sous la forme de troc. On nous fait croire que la « financiarisation » et la « mondialisation » sont des phénomènes récents, alors qu'elles sont aussi vieilles que le capitalisme. Ils sautillent sur place et n'ont qu'un mot à la bouche « le marché, le marché, le marché ! » comme aurait pu dire le Général.

Lorsqu'on a quelque familiarité avec la réflexion économique, on sait que le « marché » est une construction intellectuelle improbable, un peu comme les dessins de Escher où les escaliers ne cessent de monter et où l'eau coule vers le haut. Ça a l'air réel, mais ça ne l'est pas. Ça a l'air logique et rationnel, mais ça ne l'est pas. Pourquoi ? Voici, en simplifiant, quelques raisons :

1. **Hypothèses.** L'édifice de l'économie libérale est construit sur des hypothèses pour le moins irréalistes. Les fameuses « conditions de la concurrence pure et parfaite » sont une œuvre de fiction. Pour n'en citer qu'une : la transparence. Tous les agents participant à l'échange sont censés avoir la même information. Les théories récentes de *l'asymétrie de l'information* montrent que c'est quasiment impossible (et que F. Braudel avait raison) : l'opacité des marchés financiers en a provoqué la perte. Pour qu'il y ait un minimum de transparence, il faut que des règles draconiennes soient édictées par l'État, comme pour les indications sur les produits alimentaires ou les cigarettes.
2. **La rationalité.** Les agents sont considérés rationnels (le fameux *homo oeconomicus*). Les avancées les plus récentes de la recherche montrent que c'est faux. L'économie comportementale, avec par exemple les travaux

de Daniel Kahneman déjà cités, montre que les plus rationnels des hommes sont victimes de « biais cognitifs » qui aboutissent à des comportements pour le moins irrationnels. Par ailleurs, la « théorie des jeux » a montré que même des comportements rationnels, dans certaines conditions, mènent à des situations économiquement aberrantes (pour les amateurs, citons le fameux « dilemme du prisonnier »).

3. **La construction.** L'économie néoclassique est au départ uniquement une microéconomie. Elle ne s'est intéressée pendant longtemps qu'aux seuls agents pris individuellement. Un consommateur qui maximise sa satisfaction et un producteur qui maximise son profit. Soit. Au niveau global, c'est la fameuse « main invisible » qui fait le boulot. Mais comment est-on passé de la microéconomie à la macroéconomie ?
Cela s'est fait au prix d'incroyables pirouettes et circonvolutions. Un seul exemple : les néoclassiques considèrent que la courbe de demande globale a la même forme que la demande individuelle. C'est une fonction inverse du prix. Si le prix augmente, la demande baisse et *vice versa*.
Or, passer de cette logique individuellement vraisemblable à une logique collective de même nature n'est envisageable qu'à certaines conditions, concernant notamment

la répartition des revenus. Dans les meilleurs manuels de macroéconomie, on « suppose » que ce problème est réglé par l'intervention d'un « tyran bienveillant ». Quel est ce « tyran bienveillant » ? Où habite-t-il ? Mystère. On pose ce postulat et on passe à autre chose.

Les limites de la plaisanterie. Lorsque de la théorie on passe à la réalité, le marché se heurte à des limites incontournables. Elles sont dues à l'irréalisme des conditions de la concurrence, mais également à des défauts inhérents à ses prétentions démesurées.

1 - Le marché ne prend pas en compte les externalités.

Le marché a la qualité de *solder* l'échange au moment où il se produit. Après l'échange, vendeur et acheteur sont libres de toute obligation réciproque. Passons sur les problèmes de garanties, pièces de rechange et autres services après vente. Ce que le marché solde surtout ce sont les *externalités.* Les échanges entre deux personnes ont bien évidemment un impact sur elles mais également sur les autres et sur l'environnement, qui n'ont rien demandé. J'achète une voiture diesel. Je fais une bonne affaire et Volkswagen aussi. Mais qu'en est-il du malheureux qui respire les particules fines ? Même chose pour le nucléaire. Je profite d'une électricité pas chère. Mais *quid* des déchets ?

Dans tous ces domaines, on comprend que le marché ne peut fonctionner sans l'État. Seul l'État peut gérer les externalités parce qu'elles débordent de la sphère marchande. Les libéraux les plus endurcis ont imaginé une autre solution à ce problème : la privatisation de *tout.* Ils ont inventé une fable : la « tragédie des bien communs » (*tragedy of commons*). Les biens collectifs, si on les exclut de la propriété privée, sont condamnés à disparaître. Idée que l'économiste libéral Gérard Bramoullé a résumé d'une phrase mémorable « Pourquoi les bisons ont-ils disparu ? Parce qu'ils n'appartenaient à personne. Les cow-boys n'ont jamais massacré leurs propres vaches. » Si on avait mauvais esprit, on pourrait en déduire pourquoi, aux États-Unis, les Indiens ont disparu et pas les Noirs...

2 - Le marché ignore l'aspect positif de la répartition.

La logique libérale affirme que, par le marché, chacun maximise sa satisfaction. Admettons, même si on a vu que cela soulève quelques doutes. Le marché permettrait de faire coïncider l'intérêt individuel et collectif. L'économiste britannique Cecil Pigou a montré que ce n'est pas vrai : la répartition peut améliorer le bien-être collectif. Les libéraux considèrent que la répartition est un jeu à somme nulle. Si l'on enlève 500 euros à un individu pour les donner à un autre, cela ne change en rien le degré de satisfaction globale de la société. Pigou a prouvé que la répartition augmentait le bien-être global. Si j'enlève 500 euros à un riche, je le prive d'un bon dîner au restaurant. Si je donne ces mêmes 500 euros à un pauvre, je lui permets de manger (des pâtes) pendant un mois. On peut bien entendu discuter de l'ampleur de la redistribution, de ses conditions. Mais le cœur du problème est incontournable. Si l'économie a comme objectif l'amélioration du bien-être général, elle doit passer par la redistribution.

Ajoutons, puisque Keynes est passé par là, que le *riche* a tout intérêt à ce que le *pauvre* mange des pâtes, au moins dans deux cas :

– s'il s'appelle Barilla.

– s'il veut éviter de se faire manger lui-même par un pauvre, rendu cannibale par la faim (qui justifie tous les moyens, y compris celui-là).

La redistribution est donc bonne et utile sous toutes ses formes, qu'elle soit volontaire et coopérative (assurances) ou coercitive (impôts).

Même le pape l'a compris. Dans l'encyclique *Centesimus annus* de Jean-Paul II, il est écrit : « Il y a des besoins collectifs et qualitatifs qui ne peuvent être satisfaits par les mécanismes du marché ; il y a des nécessités humaines importantes qui échappent à sa logique ; il y a des biens qui, en raison de leur nature, ne peuvent ni ne doivent être vendus ou achetés. »

Autrefois, à l'aube des sociétés humaines, il était interdit de commercer les biens alimentaires ; selon l'historien de l'économie Karl Polanyi, la terre, le travail et la monnaie ont été longtemps soustraits au commerce. Le marché, dans son développement s'en est emparé, en même temps qu'il étendait son emprise sur la société[118].

118. *La Grande Transformation*, Karl Polanyi, 1944.

3 - Le marché est perverti par des phénomènes de pouvoir et de domination.

Lorsqu'on affirme que le prix est le produit de la rencontre de l'offre et de la demande, on lui donne une dimension scientifique, naturelle. L'économie néoclassique a marqué là un coup de maître. Lorsque les classiques (y compris Marx) voyaient dans le travail *la seule source de la valeur*, les néoclassiques comprenaient que cette vision cachait des sous-entendus politiques scabreux. Avec le dogme du prix fixé par le marché, ils ont escamoté quelque chose d'encore plus scabreux. La valeur a un lien avec le pouvoir, et le prix est un rapport de force. L'argent, la monnaie est une forme cristallisée de pouvoir. Autrefois monopole des puissants, et expression quasiment religieuse de leur autorité, la monnaie garde son statut de divinité. Et pour cause : la monnaie ce n'est pas seulement le pouvoir d'achat. La monnaie c'est *le pouvoir* (sur les choses et *sur les hommes*). Dire que le prix est le fruit de la rencontre de deux volontés (l'offre, la demande), c'est oublier que l'échange, peut se faire « la main dans la main, les yeux dans les yeux » comme disait Braudel, et dans ce cas on est sur « le marché » ; mais lorsque l'échange se fait « le couteau sous la gorge », on est dans le capitalisme, et le marché n'est plus qu'un faux-semblant, un cache-sexe.

Paul Jorion est un économiste et anthropologue qui a longuement travaillé sur la formation des prix. De son long cheminement depuis sa thèse en anthropologie sur les pêcheurs d'Houat jusqu'à ses travaux sur la finance, en passant par la lecture d'Aristote ou de Polanyi, il a tiré une conclusion : le prix n'est pas le résultat de la rencontre de l'offre et de la demande, il n'est pas un rapport entre deux quantités. Il est le résultat d'un rapport de force.

Cette vérité, nous l'avons mise en relief, il y a déjà quelques années. Dans *L'Imposture économique* (1997), nous écrivions : le prix a « un déterminant essentiel : le pouvoir », « si l'on considère que le prix est exclusivement le rapport entre une offre et une demande, on ouvre une faille dans laquelle tout *exercice* de pouvoir peut s'engouffrer ». « Le marché n'est pas, tant s'en faut, une confrontation pacifique entre deux entités abstraites (mais parfaitement mesurables) sur lesquelles aucun acteur n'aurait de prise. Le marché est un champ de bataille où la seule limite à la force est une force supérieure[119]. » Derrière la fable de l'*homo œconomicus*, rationnel, calculateur, parfaitement capable de maximiser sa satisfaction et son intérêt, il existe une réalité faite de pauvres hères qui tâtonnent et qui errent dans un univers dominé, maîtrisé, façonné par des pouvoirs qui leur échappent.

Ainsi, on se plaint à tort et à travers de la *dictature fiscale* que nous impose l'État. Tout le monde comprend, pour l'avoir vécu, à quel point il est difficile d'échapper à la TVA, à l'impôt sur le revenu, aux amendes. Mais s'est-on posé la question de l'emprise que les entreprises exercent par le marché ? (Le fameux *market power* de Jean Tirole.) Ici, la fiction de la concurrence joue le rôle de

119. *L'Imposture économique*, Textuel, 1997.

justification ultime. Le consommateur a le choix, c'est lui le roi. Le consommateur est le roi d'un bien triste royaume. Mettez un homme dans un supermarché. Comment peut-il faire un choix rationnel ? On avait calculé que s'il voulait choisir rationnellement, il lui faudrait un siècle pour composer son panier et remplir son Caddie. On a maintenant des applis de comparateurs de prix. Oui, mais elles sont mises en œuvre par les supermarchés eux-mêmes. Il faudrait comparer les comparateurs, vérifier leur degré de fiabilité. Ce n'est plus un siècle qu'il faudrait, mais un millénaire. Et quand bien même, cela coûterait trop cher : il faudrait faire des kilomètres pour acheter chaque produit là où il est le moins cher.

L'homme a compris, dans son infinie sagesse, que la meilleure manière d'être rationnel, c'est de ne pas l'être. Dans le combat épique qui l'a opposé à Pepsi, Coca a commis une grave erreur de jugement : à la suite de « blind tests » qui montraient que les consommateurs trouvaient le goût du Pepsi meilleur, ils ont « rationnellement » décidé de faire le New Coke pour plaire à des consommateurs « rationnels ». Les ventes se sont effondrées. Le consommateur n'en a que faire d'un produit « meilleur », ce qu'il veut c'est... des certitudes, du rêve, des souvenirs ? Bref, du Coca.

Sur le marché du travail, c'est encore pire. Quel demandeur d'emploi est capable de négocier « les yeux dans les yeux » son salaire ? Les néoclassiques ont inventé là aussi une fiction, celle du « capital humain » de Gary Becker, prix Nobel 2000. L'individu investit, en faisant des études, dans son « capital » personnel. S'il a bien investi, il trouve un bon travail et a un bon revenu. Si ce n'est pas le cas, c'est qu'il n'a pas assez, ou pas assez bien, investi. Les femmes ont, selon cette approche, des salaires ou des postes inférieurs parce qu'elles ont des stratégies d'investissement différentes, au lieu d'investir dans les études elles misent, par exemple, sur le mariage...

Le « marché » ? On n'a pas fini d'en découvrir les turpitudes.

La « science économique », mon œil

Face à ces évidences, les partisans du marché continuent à invoquer la « science » économique. Quitte à être immédiatement contredits par la réalité comme Guy Sorman qui écrivait en février 2008, à la veille du déclenchement de la crise : « L'économie n'est plus une opinion, c'est une science » [...] « Le temps des grandes crises semble passé parce que les progrès de la science économique permettent de mieux les comprendre et de mieux les gérer[120]. » Quitte à oublier les leçons de leurs propres maîtres à penser comme Friedrich Hayek qui, dans son discours de réception du prix Nobel en 1974, exhortait les économistes à éviter le « scientisme », qu'il avait toujours âprement combattu : « Cette démarche scientiste est résolument non scientifique, dans le vrai sens du mot, parce qu'elle consiste à mettre en œuvre

120. *L'Économie ne ment pas*, Guy Sorman, Fayard, 2008.

sans réflexion ni démarche critique des modes de pensée à des domaines différents de ceux où ils s'étaient formés. » Ainsi les économistes libéraux continuent-ils à vouloir « avoir tort avec précision » plutôt que d'« avoir grosso modo raison » selon la formule de l'économiste Nassim Nicholas Taleb.

La vase déjà bien plein de l'éloge de l'économie comme science a récemment recueilli *la* goutte. En septembre 2016, Pierre Cahuc et André Zylberberg ont franchi le *mur du çon* en publiant *Le Négationnisme économique et comment s'en débarrasser*[121]. Un titre que le lecteur jugera à sa juste valeur. Ces deux professeurs et chercheurs défendent la même idée simple : il n'existe qu'une économie, l'économie libérale, et cette économie est *scientifique.* Ceux qui la contestent, les soi-disant économistes hétérodoxes, atterrés et autres ne sont que des *négationnistes* qu'il faut réduire au silence. Ils nous annoncent que l'économie est devenue une science expérimentale, car on peut désormais « tester » les vérités économiques comme on le fait dans les sciences expérimentales.

Quelles sont ces vérités scientifiques ? Cahuc et Zybelberg en donnent quelques exemples dont le lecteur jugera la pertinence :

– Si le gouvernement prend les mesures qu'il faut pour que les marchés des biens et services et les marchés du travail fonctionnent efficacement, nous aurons à la fois de la croissance et des emplois.

121. Flammarion, 2016.

– Le salaire minimum en France est un des plus élevés au monde. À un tel niveau, il est un frein à la création d'emplois pour les personnes les moins qualifiées[122].

Admettons qu'un libéral puisse avoir ces opinions, mais comment peut-on affirmer qu'« Il n'existe *aucune étude scientifique* fondée sur des données de terrain prouvant qu'une réduction du temps de travail, non accompagnée d'autres mesures comme une baisse des charges, a un effet positif sur l'emploi[123] » ? Il se trouve que cette *étude scientifique* existe : elle s'appelle l'histoire. La durée moyenne du travail en France vers 1840 était de l'ordre de 3 000 heures annuelles, elle est aujourd'hui de l'ordre de 1 600 heures. Sur la même période, la population active employée a triplé. Il ne nous semble pas que, sur cette période, il y ait eu une baisse des charges. Ajoutons à titre anecdotique que cela a été obtenu par des lois, qui ont dû terriblement limiter la *flexibilité* du marché du travail, comme celle du 22 mars 1841 relative au travail des enfants dans les manufactures qui limitait le travail des enfants de 8 à 12 ans à 8 heures, et celui des 12-16 ans à 12 heures.

Cahuc ou « ça dépend ». Pierre Cahuc s'insurge contre le fait que « dans les débats, on invite en général un économiste de gauche, "hétérodoxe" ou "atterré", et un de droite, "mainstream". Cela continue à perpétuer

122. *Le Point*, 2 février 2015.

123. « Face au dogmatisme des "hétérodoxes", éloge de la démarche scientifique en économie », *L'Opinion*, 12 septembre 2016.

l'idée que l'économie est une question d'opinion. Mieux vaudrait faire appel aux *meilleurs spécialistes de chaque sujet, sans position partisane affichée, dénués de conflits d'intérêts,* en puisant dans la base de données IDEAS qui rassemble les chercheurs dans différents domaines. Ils sont 47 000[124] ! »

C'est une bonne idée. On pourrait par exemple organiser un débat sur le thème « le marché est-il efficient ? ». On inviterait deux « spécialistes » incontestables puisqu'ils ont reçu conjointement le prix Nobel en 2013 pour avoir travaillé sur cette question. Il s'agit d'Eugene Fama et Robert Shiller. Le premier donne à la question une réponse positive, le deuxième une réponse négative. Un internaute avait à l'époque posté cette remarque pertinente : « L'absence de choix du Nobel suggère que les marchés sont efficients sauf quand ils ne le sont pas. Cela fait avancer la science. »

Dans la même interview, le journaliste pose la question inévitable : Les économistes savent-ils dire « je ne sais pas », quand c'est le cas ? La réponse de Cahuc est amusante. Il affirme que seuls les économistes hétérodoxes ont des certitudes sur tout, les *vrais* économistes ont des doutes, surtout dans les cas où les données sont insuffisantes. « Prenez le débat sur les politiques d'accroissement des dépenses publiques. Pour eux (les hétérodoxes), c'est un dogme : elles sont toujours efficaces. Le consensus actuel de la recherche dit plutôt "ça dépend". »

124. Idem.

Ça dépend ! Bravo la science. Une pomme se détache d'un arbre. Elle tombe ou elle s'envole ? Que dit M. Newton ? « Ça dépend » ? Et si on mettait Cahuc et Zylberberg sur orbite, est-ce ils s'arrêteraient de tourner ?

CHAPITRE 8

Uber alles

Le statut de demain,
c'est le statut d'intermittent du spectacle.

Jacques Attali[125]

Le spectacle... n'est rien que l'économie
se développant pour elle-même.

Guy Debord, *La Société du spectacle,* 1967

---

125. « À propos de l'ubérisation du travail », *Club de la presse,* Europe 1, janvier 2016.

« Un spectre hante l'Europe », écrivait Karl Marx en 1848 à propos du communisme. Depuis quelque temps, un autre ectoplasme inquiète nos sociétés : l'ubérisation. Ubérisation : jamais un néologisme n'aura mis moins de temps à s'imposer. Utilisé fin 2014, entré dès 2016 dans le *Petit Robert* (*Ubériser : déstabiliser et transformer avec un modèle économique innovant tirant parti des nouvelles technologies*), il est désormais dans tous les médias et tous les esprits.

Le mot s'est imposé aussi rapidement que la chose : en peu de temps l'utilisation de réseaux et de plateformes numériques a bouleversé des secteurs entiers de l'économie : le covoiturage (*BlaBlaCar*), la location (*Airbnb*), le financement (*KissKissBankBank, My Major Company*) l'éducation (*Khan Academy*), ou la logistique (*Cubyn*). La liste est longue et ne risque guère de cesser de s'allonger. Allons-nous tous être ubérisés ?

Uber et les couloirs du temps

Lorsque le cousin Uber a déboulé sur nous à travers les couloirs du temps, les habitants de l'écosphère ont eu un long moment d'hésitation. Au départ, il y a eu la crainte. « Tout le monde commence à craindre de se faire ubériser. C'est l'idée qu'on se réveille soudainement en découvrant que son activité historique a disparu… Les clients n'ont jamais été aussi désorientés ou inquiets (au sujet de leur marque et de leur modèle économique) », dit Maurice Lévy, le P.-D.G. de Publicis.

À la peur a succédé l'enthousiasme. Dans leurs rêves libéraux, les économistes avaient tout prévu, mais pas ça. Ce moment d'inquiétude passé, ils ont entonné leur marche triomphale : le salariat, c'est fini ! La retraite, c'est fini ! Aux orties le CDI ! L'ubérisation (et ce qu'il y a derrière ce terme barbare) est l'archétype de la célèbre *destruction créatrice* de Schumpeter, chère à Nicolas Bouzou et à ses profs de zumba. Une nouveauté se produit qui remet en cause la nature des marchandises ou des services, qui fait disparaître Kodak et couronne Apple. Ce que l'on oublie trop souvent, c'est que la destruction créatrice bouleverse également les structures sociales, légales, culturelles qui en encadrent l'échange. Les entreprises, le salariat, le travail dans les manufactures n'ont pas toujours existé. Ils ont eu un commencement et auront une fin. Cela nous étonne et nous inquiète.

Depuis le début de ce livre, nous avons parcouru quelques-unes des tares de la pensée dominante. Nous en avons, au chapitre précédent, aperçu une autre : l'absence de mémoire, et de culture historique. Cela est confirmé par l'atrophie de l'histoire économique qui est une véritable branche morte de l'économie dominante. Une des dernières tentatives (ratée) de faire de l'histoire économique a été mise en œuvre par la *cliométrie,* une discipline qui appliquait les outils de l'économétrie à l'histoire. Son principal représentant Robert Fogel (prix Nobel 1993 quand même) a consacré une étude au rôle des chemins de fer dans la croissance américaine. Conclusion de l'étude : l'idée que le rail a été indispensable au développement américain est « une supposition non vérifiée », la révolution industrielle aurait pu se faire sans le chemin de fer. Merci Robert !

L'économie libérale a conçu des schémas, des concepts qui, se voulant scientifiques, devaient s'imposer hors de l'histoire, hors de l'idéologie. Dès le départ, elle s'est proclamée a-historique, non par ignorance ou distraction mais parce que la négation de l'histoire est une de ses ambitions les plus profondes. C'est cette vision du monde qui a accouché d'une des créatures les plus stupides de la littérature contemporaine : *La Fin de l'histoire* de Francis Fukuyama[126]. En s'appuyant maladroitement sur Hegel et Nietzsche, cet économiste et philosophe américain a annoncé en 1992 que l'histoire avait atteint le terme de sa course. Pourquoi ? Parce que nos sociétés avaient désormais le meilleur système politique, la démocratie, et évidemment le meilleur système économique : le marché. Si ces divagations ont une qualité, c'est bien de montrer l'ambition de l'idéologie dominante : mettre fin à l'histoire. La nier parce qu'elle est *la possibilité du changement.*

Guy Debord avait déjà bien analysé cette ambition dans *La Société du spectacle.* Il avait souligné que le rêve des tenants de la société « spectaculaire-marchande » était

126. Flammarion, 1992.

d'instaurer un « temps cyclique » où la consommation, seule, aurait scandé le passage du temps et des saisons. Nos penseurs ont piégé l'opinion publique dans l'amnésie générale qui accompagne leur idéologie et eux-mêmes ont fini par croire qu'il n'y a pas d'histoire, qu'il n'y a que l'économie. Dans ce monde façonné par de l'économie intemporelle, l'histoire pointe de temps en temps le bout de son nez. Mais c'est une histoire caricaturale, défigurée, cauchemardesque. C'est le retour de « nos ancêtres les Gaulois », des croisades (cf. *Le Choc des civilisations*), de la Grande Allemagne, de l'ours russe et de *l'America great again.*

Lorsque l'histoire, la vraie, se remet en mouvement, tout le monde est surpris et terrorisé. Les certitudes s'évanouissent, les repères disparaissent. Panique à bord, « Les taxis vont disparaître ! » Pourtant on sait bien que l'histoire détruit, même les civilisations. Au cours des XIXe et XXe siècles, on a bouleversé les paysages et les cultures, on a enterré le monde paysan qui était le socle des sociétés européennes depuis mille ans. On croyait même avoir enterré les religions. Fernand Braudel et ses amis de l'*École des annales* (Marc Bloch, Emmanuel Leroy-Ladurie…) ont montré, avec talent, que les vrais changements se produisent sur la longue période, que le *temps long* est celui de la pertinence en histoire. Les économistes, leur regard myope fixé sur des courbes d'évolutions trimestrielles, n'ont pas le temps de s'occuper du temps, surtout s'il est *long*.

Les économistes français de l'*École de la régulation* (Michel Aglietta, Robert Boyer) ont essayé d'analyser les mutations de l'économie en utilisant conjointement les outils historiques et économiques. Cette école, balayée par le raz-de-marée libéral, nous a laissé quelques enseignements ; notamment l'idée que les crises capitalistes peuvent être analysées comme le passage d'une forme de régulation à une autre. D'un mode de fonctionnement à un autre. C'est par la crise que le capitalisme se régénère, c'est par la crise qu'il progresse et prospère.

Dans ce monde où l'ancien et le nouveau s'enchevêtrent et se métamorphosent, un autre phénomène vient compliquer notre perception du devenir historique : la résurgence.

Robert Boyer, a qui l'on doit ce concept, définit la *résurgence* comme l'apparition (souvent incongrue) d'un phénomène que l'on croyait dépassé et enterré par le cours de l'histoire. Ainsi le télétravail, que l'on présente comme une nouveauté du capitalisme informatisé est en réalité la résurgence du *domestic system,* le travail à domicile couramment utilisé en Europe au tout début de la révolution industrielle, avant que ne se généralise le *manufacturing system,* celui des ateliers et des usines. À un autre niveau, le retour de la religion pourrait être considéré comme une résurgence.

Les leçons de l'histoire dans le domaine économique sont pourtant claires. Elle nous apprend que certaines réalités sont passagères, elles ont un début et auront une fin. On sait grâce aux travaux de Karl Polanyi, que le marché n'est pas une organisation « naturelle » des sociétés humaines, mais une construction datée. On sait que le salariat est une forme passagère d'organisation du travail et de la répartition de la richesse. Son origine est ancienne, mais sa généralisation ne date que du siècle dernier. Le soi-disant « travail des femmes » qui ne date que du XXe siècle, est en réalité sa salarisation. Les femmes ont bien évidemment toujours travaillé, mais pas en tant que salariées.

On sait que les entreprises, notamment dans leurs cadres juridiques actuels, ne sont qu'une des formes possibles de l'organisation de la production. Les *sociétés anonymes* n'existent en France que depuis 1867. Les *corporations* ont eu une vie bien plus longue. Elles étaient à la base de l'économie au Moyen-Âge ; elles n'ont été abolies qu'en 1791, probablement parce qu'elles étaient un sérieux frein à la *flexibilité* du marché du travail. Que ces formes économiques ou juridiques puissent être remises en cause et disparaître ne devrait étonner personne. On pourrait même s'en réjouir.

L'histoire nous apprend également que des phénomènes, que l'on croit récents, sont en réalité bien plus anciens. Ainsi la « mondialisation » ne date pas d'hier. Celle que nous connaissons n'est que le énième acte d'un phénomène qui a commencé par le « commerce lointain », qui s'est prolongé avec les grandes découvertes et la colonisation, avant de s'épanouir sous ses formes actuelles. Aujourd'hui on s'inquiète des conséquences de la « dernière » mondialisation, avec ses phénomènes de délocalisation et d'immigration. On oublie que nous sommes, jusque dans nos assiettes et dans notre langue, le produit des mondialisations précédentes.

Internet et l'ubérisation, nous ont fait prendre conscience de l'importance des réseaux. Pourtant les « réseaux » sont dans l'ADN du capitalisme comme la mondialisation. Le capitalisme s'est bâti sur eux : réseaux commerciaux, réseaux bancaires, réseau de communications. Les marchands de Venise, les Médicis, les différentes Compagnies des Indes, les Rothschild ont vécu et prospéré par la création de réseaux. Au XIXe siècle, Henri de Saint-Simon a même théorisé une *révolution* bâtie sur les réseaux. Ses disciples (notamment Michel Chevalier) se sont contentés de couvrir la France de réseaux de canaux et de chemins de fer.

Nous sommes, de toute évidence dans une période de changements profonds. Notre obligation est d'essayer de décrypter les énigmes que l'histoire nous présente. Chez les Grecs anciens, il était courant de poser des *énigmes* aux philosophes. Certains allaient même jusqu'à se suicider s'ils ne trouvaient pas la réponse. Sans en arriver à ces extrémités, essayons de réfléchir aux changements en cours, c'est vital pour notre santé mentale.

De l'économie du don à l'économie du dindon

Un des phénomènes marquants de l'évolution économique et sociale actuelle est la place grandissante qu'y occupe la *gratuité*. Internet et ses services fabuleux, le bénévolat, le mécénat, la coopération sont autant de phénomènes qui portent la gratuité en leur sein. Les réseaux lui donnent une importance qui semble pouvoir compromettre l'économie marchande elle-même.

Dans l'univers libéral bâti sur l'individualisme et l'utilitarisme, il n'y a aucune place pour la gratuité et le don, si ce n'est comme succédané de la solidarité sociale. Une des légendes les plus tenaces de cet univers est celle du *troc*. Dans sa volonté de faire de ses vérités, des vérités absolues et a-historiques, l'économie libérale a été confrontée à une difficulté : le marché n'a pas toujours existé. On lui a trouvé donc un ascendant qui lui ressemble comme un frère : le troc. Le marché d'avant le marché.

Le problème, c'est qu'aucun anthropologue n'en a trouvé de trace dans l'histoire lointaine de l'humanité. Le troc existe et a existé mais *jamais* comme système d'organisation sociale de l'échange. C'est plutôt un succédané du marché lorsque, par exemple, la monnaie vient à manquer. Le don, au contraire, a été longuement un liant social primitif comme l'ont prouvé les travaux de Marcel Mauss. Bien entendu, il ne faut pas tomber dans une vision angélique du don. Ne pas sombrer dans le manichéisme béat avec d'un côté, l'univers désintéressé de l'amour d'autrui et, de l'autre, la passion marchande pour le gain. Le don peut être, et a été, à la base de sociétés d'injustices et d'inégalités. Les mécanismes du *potlach* où chacun est obligé de rendre l'équivalent de ce qu'on lui donne, ont créé des sociétés fondamentalement inégalitaires entre ceux qui pouvaient rendre ce qu'on leur donnait et ceux qui ne pouvaient pas.

De ce point de vue, on peut dire que le marché a été un moment de *libération* de l'homme. Parce que l'échange sur le marché est *soldé immédiatement.* J'achète, je paye. Je ne te dois et tu ne me dois plus rien. Salut et au revoir. Les deux cocontractants sont libres comme l'air. C'est vrai pour les marchandises, c'est vrai pour les hommes, sur le marché du travail. L'abolition de l'esclavage a été une double libération. L'esclave s'est libéré du maître mais le maître s'est également libéré des obligations qu'il avait vis-à-vis de l'esclave.

On peut bâtir sur le don les pires ignominies. Un des secrets de la force de la mafia réside dans le don. Lorsqu'un homme en difficulté s'adresse à un « parrain », il peut obtenir argent, secours, réparation. Mais il devient son débiteur pour le reste de sa vie. C'est là-dessus que se construit la pyramide de l'ignominie mafieuse. Un des enjeux essentiels de nos sociétés en mutation est posé par le problème du don et de la gratuité. Qu'allons-nous en faire ? Le meilleur est possible, le pire est probable.

Ambivalence. Le pire existe dès aujourd'hui et l'économie du *don* s'est déjà transformée en économie du *dindon.* L'exemple le plus spectaculaire de la mise à contribution de la *gratuité* dans l'économie capitaliste numérique. Les géants qui se sont constitués en quelques années ont compris que « vendre » était un chemin un peu court pour de plus gros profits. Vendre, oui, mais il fallait d'abord donner. Ainsi Google, Youtube, ou Facebook se sont mis à distribuer gratuitement informations, musique et divertissements en tout genre. À côté des naïfs, parfois talentueux, qui croyaient bricoler l'avenir, ces géants ont réellement construit le capitalisme nouveau. En conquistadors du nouveau monde, ils ont distribué pacotilles et verres colorés et, en échange, ils ont amassé un véritable trésor ; l'or du XXIe siècle : l'information.

Apple, moins enclin à donner qu'à vendre, s'est fait dépasser par le monstre Google, qui, comme Facebook ou Twitter, est le roi de la gratuité. Google vaut plus de 550 milliards de dollars, Facebook a doublé sa capitalisation boursière en un an et demi et vaut désormais 300 milliards de dollars. Twitter joue au yo-yo entre 10 et 50 milliards. Pourtant ces entreprises ne possèdent rien de physique qui puisse justifier ces valeurs : ce qu'elles possèdent, ce sont quelques algorithmes, leurs marques et surtout leurs clients.

Le pigeon. Un vieux dicton de joueurs de poker dit : « À une table de poker, si au bout d'un quart d'heure, tu ne vois pas qui est le pigeon, c'est que le pigeon, c'est toi. » Dans le nouvel univers de la gratuité numérique, on pourrait dire quelque chose de similaire : « si tu ne vois pas ce que l'entreprise vend, c'est que le produit, c'est toi. »

Au XIXe siècle, Marx pestait contre l'aliénation du travail. Le méchant capitaliste volait le fruit du labeur du malheureux prolétaire. Est-ce que cela a changé ? Oui, aujourd'hui votre travail, on s'en fout ! Ce qu'on vous vole ce sont vos loisirs, vos passions, vos souvenirs. On vous vole votre vie, transformée en marchandise. Chacun de nous est devenu un grain de sable sur les plages ensoleillées des paradis fiscaux où les géants d'Internet font bronzer leurs profits.

La grande transmutation. L'immense génie du capitalisme, c'est sa capacité à gérer le changement, à surfer sur ses vagues. Pendant quelques siècles, il a activement agi pour éliminer le travail. Il l'a fait dans l'industrie, il le fait activement dans les services. La grande distribution attend sa révolution : l'équivalent de ce qu'a été le self-service. L'élimination définitive des caissières. Dans certains supermarchés, le client passe à la caisse tout seul. Il scanne ses produits. Encore un pas en avant du modèle Ikea. Le client achète le meuble et il le construit tout seul. Le *do it yourself* a de beaux jours devant lui. Pompiste, banques… l'élimination du travail continue.

Le vieux rêve de l'*émancipation des travailleurs* atteint ici son terme. Le problème, c'est que ce n'est pas le travailleur qui se libère du capitalisme, c'est le capitalisme qui se débarrasse de lui. Jean Baudrillard l'a explicitement écrit dans *Le Paroxyste indifférent*[127]. D'ailleurs si le socialisme a fait faillite, c'est bien pour cela : il croyait naïvement que le travail créait de la valeur ; le capitalisme ne voit en lui qu'une nuisance. « Les coûts sont comme les ongles. Il faut les couper constamment », a l'habitude de dire l'homme d'affaires brésilien Carlos Sicupira.

---

127. Grasset, 1997.

Les mutations en cours mettent en synergie deux phénomènes : les réseaux et la gratuité. Cette synergie pourrait nous mener vers le meilleur, mais elle n'accouche que du pire. Les réseaux peuvent être une solution à d'innombrables problèmes économiques : l'énergie, la distribution, le travail, le transport. Ils peuvent aboutir à une économie collaborative, coopérative, transparente où la gratuité ne serait pas un vain mot. Cette philosophie, qui fut celle de Pierre-Joseph Proudhon et du mouvement mutuelliste et coopératif est aux antipodes de l'économie libérale. Mais elle est déjà retournée comme une chaussette et mise aux pieds du capitalisme : il suffit que les *intermédiaires* se saisissent des réseaux et les mettent au service du profit. Fernand Braudel, encore lui, a dit que le capitalisme était le triomphe des intermédiaires. Les réseaux, vieille spécialité capitaliste, assurent encore le triomphe des intermédiaires.

On connaît la loi de Moore. La loi de Metcalfe[128] dit que l'utilité d'un réseau est proportionnelle au carré du nombre de ses utilisateurs. Dans ce domaine plus qu'ailleurs, l'effet de taille est prépondérant. *Winner takes all.* Monopoles et oligopoles prospèrent. Est-ce que l'économie mutuelliste est de taille ? On peut en douter et c'est tout l'enjeu. Le seul exemple de méga réseau purement *coopératif* qui fonctionne, c'est Wikipédia. Et Wikipédia doit être un vrai sujet de réflexion (qualité,

---

128. Robert Metcalfe, fondateur de la société 3Com et à l'origine d'Éthernet.

fiabilité, manipulation, propriété, impact). Si on réussit à éviter l'admiration béate et le rejet prétentieux, Wikipédia est une énigme intéressante.

Un autre élément doit être pris en compte. On présente notre société comme une société de communication. Elle l'est. Encore faut-il ne pas sous-estimer les risques de détournement. Guy Debord a écrit que *le but de la technique, c'est l'isolement.* Isolement dans la production (travail à la chaîne : tous ensemble, mais... séparés) comme dans la consommation. Tout le monde a vécu ces soirées mémorables où l'on est tous ensemble, mais chacun absorbé par son écran. Pendant l'hiver 2016, les chauffeurs d'Uber se sont mis en grève. Dans un premier temps Uber a répondu : les chauffeurs ? Qui sont ces gens ? Je ne les connais pas. Ils ne font pas partie de l'entreprise. En réalité, Uber prépare déjà la suite : l'entreprise expérimente déjà des « taxis » sans chauffeur. Des voitures autonomes qui roulent toutes seules comme des grandes. « Le vrai pari de Uber, c'est de se passer du chauffeur », dit Élie Cohen[129]. Étonnant, non ?

L'archaïsme de la sueur

Alors que le monde se projette vers l'avenir, nos responsables politiques et économiques lui tournent ostensiblement le dos. Au lieu de saisir le changement

129. LCI, 28 décembre 2016.

et d'essayer de le chevaucher, ils reviennent à leurs certitudes surannées. « La glu qui freine vos pas vous amollit, vous empêche de bouger et vous rend si triste et si tristement minable, est de nature économique », écrivait Bernard Maris[130]. Le blocage central, la « glu » qui nous empêche d'avancer est ce que l'on pourrait appeler *le dogme de la sueur.*

Depuis « Tu gagneras ton pain à la sueur de ton front » de la Bible jusqu'à « travailler plus pour gagner plus », nous sommes prisonniers de cette idée absurde. Hors du travail, point de salut. Attention, comme chacun sait, il y a travail et travail. Le travail est l'activité créatrice qui enrichit et libère l'homme, mais c'est aussi le dur labeur qui en massacre le corps et l'esprit. Celui de *nos grands-parents* dont parle Jacques Brel avec tellement de force dans sa chanson *Jaurès* (*ils étaient usés à quinze ans...*).

Nos dirigeants confondent leur impératif moral archaïque et les lois de l'économie. Ils commettent une double erreur, croire que le travail sous sa forme coercitive et marchande crée la richesse et que le chômage est une question de cuisine politique et sociale. Nos économistes sont prisonniers de l'idée de *déversement.* Le déversement est l'idée, énoncée par Alfred Sauvy, selon laquelle le progrès technique crée plus de travail qu'il n'en détruit. Le travail est détruit dans l'agriculture et crée dans l'industrie, puis dans les services. Ce phénomène s'accompagne d'une amélioration des qualifications, des revenus et du niveau de vie. Cela a été vrai tout le long

130. *Houellebecq économiste*, Flammarion, 2014.

des différentes révolutions industrielles. Le problème est que ce processus touche à sa fin, il est sur le point d'atteindre son terme.

Curieusement le moteur de cette mécanique, c'étaient les gains de productivité. En passant d'un secteur à un autre, le travail devenait plus efficace et faisait augmenter la production et la richesse. L'agriculture profitait des produits de l'industrie mécanique ou chimique. L'industrie profitait des transports, du marketing ou de la recherche. Malheureusement au fur et à mesure que nos économies se tertiarisent, les gains de productivité s'épuisent. Bien sûr, il existe encore des *gisements* de productivité dans le tertiaire que la numérisation est en train d'exploiter. Mais ils sont condamnés, eux aussi, à l'épuisement.

Mozart et la « maladie de Baumol ». Ce processus qui devait aboutir à des sociétés de « cols blancs » de plus en plus instruits et bien rémunérés nous a menés à l'impasse du tertiaire des petits boulots, de la précarité et de la faillite de l'enseignement pour des pans de plus en plus vastes de la société.

Regardons les choses en face : pendant des siècles le progrès technique a servi à *gagner du temps :* transports, modes de production, communications… Il y est arrivé au-delà peut-être de toute espérance. Aujourd'hui le progrès technique sert de plus en plus à *perdre du temps* (loisirs, culture, jeux, divertissement, télé). Le temps libéré a été transformé par le génie capitaliste en un nouveau et très juteux marché. Dans le secteur des services, la *consommation de temps* remplace la *consommation d'objets.* Or, dans la production de *temps consommable,* les gains de productivité sont souvent un leurre. Puisque le temps est incompressible.

Des pans entiers de l'économie de service ne peuvent pas profiter des gains de productivité, ou très difficilement. Ce phénomène a été masqué ces dernières années par l'informatisation qui a fait faire des bonds à certaines activités tertiaires (commerce, administration, banque). Mais enseignants, garçons de café, prostituées, musiciens, psychiatres, ne peuvent pas améliorer leur « productivité ». Puisque leur « production », c'est leur temps de travail.

C'est ce que l'on appelle la « maladie de Baumol ». William Baumol est un économiste américain, longtemps professeur à Princeton et New York, qui, dès 1967, a étudié l'évolution discordante de la productivité dans l'industrie et les services. Notamment ce qu'il nomme « les services stagnants », ceux où la productivité ne peut augmenter, comme la culture. « À la différence des travailleurs des industries, les artistes ne sont pas les intermédiaires entre les matières premières et le produit achevé. Leurs activités sont elles-mêmes le bien de celui qui consomme. »[131] « *The process is the product.* » Exécuter un concerto de Mozart prendra en 2017 exactement le même temps qu'en 1787.

131. *Performing Arts:The Economic Dilemma,* avec William Bowen, 1966.

L'économie du déversement en arrive ainsi à une impasse, car sans gains de productivité, il n'y a plus de créations d'emplois « à l'ancienne » accompagnées de l'augmentation des revenus et de l'amélioration du niveau de vie. On ne crée plus que des emplois sous qualifiés, mal payés et précaires. La machine s'est enrayée. Dans sa dernière communication[132], Baumol constate que les prix de certains services (enseignement, santé) ont augmenté de deux à quatre fois plus vite que la moyenne générale des prix. L'impasse est là. Aux États-Unis, l'université est un luxe au prix exorbitant, tout comme la santé, malgré l'Obamacare. Chez nous, où ces secteurs sont pris en charge par l'État, les déficits explosent. Est-ce étonnant ?

Notons, ultime ironie, que Baumol préconise de financer les secteurs à productivité stagnante par la taxation des secteurs à productivité croissante, notamment l'industrie. Que faisons-nous en France ou en Europe ? Exactement le contraire. On coupe dans les dépenses de l'État providence pour subventionner les entreprises et l'industrie. Le fond du problème est que le secteur « stagnant » crée bien de la richesse, mais une richesse qui ne rentre pas dans les vieux cadres juridiques de l'économie marchande, qui sont destinés à exploser. Les enseignants, les chercheurs, les artistes, les médecins et infirmières créent une richesse précieuse et colossale mais sous forme d'*externalités* (voir chapitre 5).

132. *The Cost Disease*, William J. Baumol, Yale University Press, 2012.

Que vaut la vie d'un l'homme ? Que vaut une vie en bonne santé ? Que vaut la culture d'un peuple ? Que vaut la théorie de la relativité ? Le marché avec ses mécanismes étriqués est incapable de gérer cette mine d'or. Cette opulence de vraie richesse se déverse pourtant bel et bien sur nos sociétés. Elle alimente la « croissance endogène » (voir chapitre 6). Comment prendre en compte cette richesse à l'état gazeux ?

Un agent de police qui empêche un gamin de voler un scooter gagne le Smic. L'éducateur qui, bénévolement, entraîne une équipe de football ne gagne rien, même pas l'estime de la société. Pourtant c'est le vol de onze scooters qu'il empêche, et son utilité sociale va bien au-delà. Il produit du « lien social » et du « capital humain » (pardon pour ces horribles mots !). Pour définir ces activités, Robert Boyer parle de « production de l'homme par l'homme ».

L'idée de *revenu universel* commence à faire son chemin dans les esprits et pas seulement dans ceux d'une certaine gauche. Beaucoup de théoriciens en ont proposé l'idée depuis longtemps : de Thomas Paine à Wassily Leontieff, en passant par des libéraux purs et durs comme Friedrich von Hayek. Que répondent à ça les économistes ? Ils sont bien entendu scandalisés voyant se généraliser une société d'assistés. Interrogé à ce sujet, Élie Cohen répond : « Le revenu universel, c'est la réponse ; mais à quelle question ? » Et il ajoute : « le revenu universel, c'est terrifiant[133] ». Cette attitude est

133. « C dans l'air », 27 décembre 2016.

partagée par bon nombre de responsables d'associations caritatives et par les descendants égarés de Marx.

Jean-Marie Harribey, ancien coprésident d'Attac France, écrit dans *Le Monde* : « Quelle que soit la forme juridique de l'emploi (salarié ou non), tout revenu vient du travail. Et on reste ébahi devant la formule : "on peut produire les richesses hors de la sphère de la production". Quel sens cela a-t-il de produire hors de la production ? Aucun[134]. »

Le revenu universel n'est pas si terrifiant que ça. Il existe déjà, mais sous une multitude de formes, souvent honteuses (RMI, allocations familiales ou minimum vieillesse). Ce qui fait peur dans le revenu universel, c'est qu'il rompt avec la malédiction « tu gagneras ton salaire à la sueur de ton front ».

134. « Le revenu d'existence ou l'impensé sur le travail », *Le Monde*, 20 octobre 2014.

CHAPITRE 9

Nous n’en avons pas fini avec la science lugubre

La manière de penser qui a généré un problème
ne pourra jamais le résoudre

Albert Einstein

L'âge d'or qu'une aveugle tradition
a placé jusqu'ici dans le passé, est devant nous

Henri de Saint-Simon

L'économie qui aspire à être une « science » *dure* au sens des sciences exactes, comme les mathématiques ou la physique, a atteint son but mais pas comme elle le croyait : *dure* elle l'est, mais au sens des sacrifices qu'elle impose, des impératifs désolants dans lesquels elle emprisonne notre présent et notre avenir. Pourtant une autre économie, plus souriante, plus optimiste est possible comme l'a montré le très austère (de caractère) Keynes en plein milieu d'une crise bien plus grave que la nôtre. Malheureusement, bien que la solution soit à portée de la main, nous sommes pour encore longtemps condamnés à subir « la science lugubre ».

La science lugubre

Au début du XIXe siècle, l'écrivain britannique Thomas Carlyle a défini l'économie *the dismal science*, la « science lugubre ». Face aux perspectives calamiteuses de Malthus ou de Ricardo, il écrit : « Je dirai que ce n'est pas une "science gaie", contrairement à d'autres dont on entend parler, non, c'est une science terne, sombre et particulièrement abjecte et angoissante. Nous pourrions la qualifier, en guise de distinction, de science lugubre [...] sans espoir pour ce monde ou celui à venir[135]. »

Un siècle et demi après, la romancière Viviane Forrester a réaffirmé ce constat en jetant le pavé de *L'Horreur économique*[136] dans les eaux stagnantes d'une économie, devenue la science dominante de nos sociétés. Son pamphlet était plus un livre de colère qu'une analyse. Mais c'était une colère lucide et salutaire, que le temps a confirmée. Forrester, reprenant la thèse de Jeremy Rifkin[137], constatait que le travail n'est plus qu'un formidable leurre, une illusion maintenue au nom du profit dans un système qui utilise l'argent économisé par les salariés, dans les fonds de pension, pour les mettre au chômage. La bourse et la folie de ses produits dérivés, la mondialisation et la mise en concurrence des pauvres avec d'autres pauvres, la fiction du « chômage » dont la définition change au fur et à mesure qu'il augmente, les inégalités qui explosent aux États-Unis : le constat est sans concessions. Le style est à vif, comme la colère : « la honte devrait être cotée en Bourse : elle est un élément important du profit ». Si les références économiques sont peu nombreuses, Shakespeare est là pour dire que « l'enfer n'existe pas, tous les démons sont ici ». Le livre a provoqué une bordée d'insultes de la part des spécialistes, y compris les plus basses. Les économistes

135. *Chartism*, 1839.

136. Fayard, 1996.

137. *La Fin du travail*, 1996.

détestent que l'on vienne piétiner la pelouse bien ordonnée de leur jardin privé.

Forrester avait mille fois raison, et l'accueil du livre par le public a montré que l'horreur qu'elle décrivait, les gens la vivaient déjà dans leur quotidien. Nous avons, en 1997, publié *L'Imposture économique* en partie pour répondre à ces économistes prétentieux qui insultaient Forrester du haut de leur suffisance. Nous y avons montré que l'économie dominante *vue de l'intérieur* ne valait guère mieux que celle décrite, de l'extérieur, par la romancière.

En 2000, Viviane Forrester a écrit un autre livre où elle critiquait *Une étrange dictature*[138], celle du marché et de ses thuriféraires : « Chaque jour, nous assistons au fiasco de l'ultralibéralisme. Chaque jour, ce système idéologique, fondé sur le dogme (ou le fantasme) d'une autorégulation de l'économie dite de marché, démontre son incapacité à se gérer lui-même, à contrôler ce qu'il suscite, à maîtriser ce qu'il déchaîne. » Peu de temps après, la crise lui a de nouveau donné raison.

Que s'est-il passé depuis ? *L'Horreur économique* s'est généralisée dans nos pays. Les conditions de vie de nos contemporains connaissent une dégradation accélérée. Certains pays ont été poussés au bord de l'asphyxie par la crise et encore plus par les politiques mises en œuvre pour en sortir : le revenu des Grecs ou des Portugais a été amputé de 20 à 30 %. La production industrielle de l'Italie a chuté de 25 %. Le chômage des jeunes atteint

138. Fayard, 2000.

dans ces pays des taux de 50 %. Des pays que l'on croyait sortis de l'ornière comme le Royaume-Uni ou les États-Unis montrent, par leurs dérives électorales, à quel point les populations sont déboussolées. Ces pays exposent fièrement en vitrine leur apparente réussite : un taux de chômage particulièrement faible, Wall Street, qui a battu en 2016 tous ses records, la réussite des géants de la Silicon Valley. Mais dans l'arrière-boutique, la situation est loin d'être rose. Dans ces pays, les inégalités explosent. À San José, en plein milieu de la Silicon Valley, on trouvait le plus grand bidonville des États-Unis, démantelé à grands frais par la municipalité en 2014.

Pourtant dans ce capharnaüm les bonnes nouvelles ne manquent pas. Malgré les inévitables difficultés, des pays comme l'Inde, le Brésil, et bien entendu, la Chine accèdent au développement et à la richesse. Timidement, mais sûrement, l'ancien tiers-monde voit reculer la misère. Bien entendu, toute sorte de cris d'orfraie viennent masquer une réalité ô combien encourageante. La richesse mondiale a doublé depuis le début du siècle qui vient à peine de commencer. Au cours des trente dernières années, le PIB mondial n'a baissé qu'une seule année, en 2009. En 2012, la richesse produite par les pays du Sud a dépassé celle produite par les pays développés. Malgré l'augmentation de la population, de moins en moins d'hommes meurent ou souffrent de la faim. Bien sûr la situation reste intolérable, mais nous allons dans la bonne direction.

Peut-on, dans ces conditions, oser un peu d'optimisme ? Angus Deaton, prix Nobel 2015, écrit que « la vie est meilleure aujourd'hui qu'elle ne l'a jamais été dans toute l'histoire[139] ». Viviane Forrester n'était pas économiste ; soit. C'est une qualité qu'on peut difficilement nier à John Maynard Keynes. Keynes a écrit, en 1930, en pleine crise, un texte lumineux : *Perspectives économiques pour nos petits-enfants*. Alors que le contexte de l'époque ne s'y prête guère Keynes se livre à un exercice de prospective, lui à qui on a tellement reproché la fameuse formule « à long terme nous sommes tous morts ». Il parle, pour commencer « d'une maladie nouvelle dont certains lecteurs peuvent bien ignorer encore le nom, mais dont ils entendront beaucoup parler dans les années à venir, et qui est le chômage technologique ». Derrière ce chômage technologique Keynes voit pointer le résultat des « découvertes des moyens qui permettent d'économiser de la main-d'œuvre à une vitesse plus grande que nous ne savons trouver de nouvelles utilisations du travail humain. »

Que l'on ne se trompe pas. Keynes n'analyse pas le chômage de son époque comme étant un « chômage technologique ». Il consacrera des centaines de pages de la *Théorie générale de l'emploi, de l'intérêt et de la monnaie* à en faire l'analyse que l'on connaît, axée sur la critique radicale des dogmes libéraux de l'équilibrage automatique du marché et de la non-intervention de l'État. En se projetant sur l'avenir, il considère que le

139. *The Great Escape : Health, Wealth, and the Origins of Inequality*, Angus Deaton, 2013. *La Grande Évasion : santé, richesse et les origines de l'inégalité*, PUF, 2016.

« chômage technologique » annonce une très bonne nouvelle : « À long terme tout cela signifie que l'humanité est en train de résoudre son problème économique. » Résoudre le problème économique signifie briser la malédiction de l'insuffisance des ressources. Désormais, l'homme est près d'avoir assez de biens pour satisfaire ses besoins.

Keynes n'est pas dupe, il sait que l'homme est « un puits de besoins sans fond », mais il sait distinguer dans les besoins de l'homme les « besoins absolus » et les « besoins relatifs » dont il donne une définition simple et tranchante : « les besoins qui ont un caractère absolu en ce sens que nous les éprouvons quelle que soit la situation de nos semblables, et ceux qui possèdent un caractère relatif en ce que nous ne les ressentons que si leur assouvissement nous place au-dessus de nos semblables ou nous donne l'impression de leur être supérieurs ». Ce sont ces derniers qui « sont peut-être tout à fait insatiables, car ils sont d'autant plus élevés que le niveau général de satisfaction est lui-même élevé ». Pour les autres la satisfaction totale est possible avec un effort réduit : « Trois heures de travail chaque jour par roulement ou une semaine de quinze heures peuvent ajourner le problème pour un bon moment. En effet, trois heures par jour font une ration suffisante pour assouvir le vieil Adam chez la plupart d'entre nous. »

Ici Keynes soulève un problème que nous connaissons bien : pour que ceci soit possible, il faut que l'humanité rompe en quelques décennies avec « les habitudes et les instincts qu'elle s'est assimilés depuis d'innombrables générations ». Il faudra « nous débarrasser de nombreux principes pseudo-moraux qui nous ont tourmentés pendant deux siècles et qui nous ont fait ériger en vertus sublimes certaines des caractéristiques les plus déplaisantes de la nature humaine ». Quelles sont ces caractéristiques déplaisantes de la nature humaine ? « L'amour de l'argent comme objet de possession, qu'il faut distinguer de l'amour de l'argent comme moyen de se procurer les plaisirs et les réalités de la vie, sera reconnu pour ce qu'il est : un état morbide plutôt répugnant, l'une de ces inclinations à demi-criminelles et à demi-pathologiques dont on confie le soin en frissonnant aux spécialistes des maladies mentales. » Keynes sait bien que, quoi qu'il arrive, « il y aura encore bien des gens qui poursuivront aveuglément la richesse », mais avec une finesse toute britannique, il ajoute : « Mais tous les autres d'entre nous cesseront d'être obligés de les applaudir et de les encourager. »

Keynes a donc perçu l'émergence d'un monde débarrassé de l'impératif économique. Bien d'autres penseurs ont conçu des « utopies » de l'abondance ; la différence, c'est que Keynes n'est pas un utopiste, son monde n'est pas un monde idéal situé dans le brouillard de l'imaginaire. Le monde que Keynes décrit est notre monde. Si nous étions libérés de la « glu qui freine nos pas », nous verrions les merveilles qui sont en train de se réaliser ici et maintenant. Chacun peut se rendre compte en suivant, même distraitement, l'actualité à quel point notre époque est fertile en innovations. Des innovations fondamentales liées aux progrès des sciences dures (mathématiques, physique, sciences du vivant) mais aussi et surtout des innovations de bon sens, des *œufs de Colomb*, qui sans crier gare et pour pas un sou nous rapprochent chaque jour du monde entr'aperçu par Keynes.

Se chauffer avec Internet et le big data. Les ordinateurs des serveurs dégagent une quantité extraordinaire de calories. Jusqu'à présent, on les refroidissait à… grands frais. On dépensait de l'énergie pour climatiser les locaux des ordinateurs et on dépensait de l'énergie pour chauffer nos maisons. Des petits génies ont eu l'idée d'installer les ordinateurs dans les chaudières des immeubles. Les machines sont au frais et les hommes sont au chaud. Quel talent, et quelle économie ! Sachant que bien isoler nos maisons peut permettre d'économiser 60 % d'énergie, on comprend que la solution est à un pas.

On commence à comprendre également qu'une bonne partie de notre abondance finit dans nos poubelles. On commence timidement à recycler. Parfois dans des conditions assez délirantes : les bouteilles usagées (c'est-à-dire utilisées *une seule fois*) sont fondues au lieu d'être lavées. N'y a-t-il pas là quelque chose à faire ? Même les déchets les plus innommables (les excréments humains et animaux) recèlent des trésors. Leur fermentation produit du gaz directement utilisable. En Bretagne, des éleveurs de porcs gagnent plus d'argent en vendant de l'électricité à EDF qu'en vendant de la viande. Des entrepreneurs indiens et chinois ont fait fortune en installant des toilettes dans les villages. Les villages sont assainis et l'urine, riche en phosphore, azote et potassium, est revendue comme fertilisant.

Et que dire de nos déchets alimentaires ? Selon la FAO, le *tiers* de la production agricole alimentaire est perdu ou gaspillé. À l'échelle planétaire, cela représente plus d'un milliard de tonnes, l'équivalent de 1 000 milliards de dollars. Chaque Français met à la poubelle entre 20 et 30 kg de denrées tous les ans, dont 7 encore emballés[140] ! Dans ce domaine également le chantier est ouvert.

La recherche économique, lorsqu'elle ne se perd pas dans ses délires mathématiques, peut également révéler des pépites. L'économie comportementale (D. Kahneman) nous permet non seulement de comprendre les errements des traders à la bourse, mais aussi nos comportements dans la vie quotidienne et de les corriger. Richard Thaler et Cass Sunstein en ont tiré un concept, le « Nudge[141] ». Le « Nudge », c'est un « coup de pouce », une petite incitation, un petit rien qui peut changer les comportements et les rendre plus rationnels et socialement bénéfiques. Des nombreuses expériences menées il résulte qu'il suffit, par exemple, de peindre sur les routes, avant les virages dangereux, des bandes transversales qui se rapprochent, et qui font augmenter l'impression de vitesse, pour que le nombre d'accidents diminue. Dans les cantines scolaires, modifier

140. « Cinq questions sur le gaspillage alimentaire », *Le Monde*, 10 décembre 2015.

141. *Nudge : la méthode douce pour inspirer la bonne décision*, Vuibert, 2010.

simplement l'ordre de présentations des plats suffit à gommer en partie les mauvaises habitudes alimentaires des élèves. En France, en donnant un petit avantage aux contribuables, on a réussi en très peu de temps à généraliser la déclaration télématique des revenus et à économiser des tonnes de papier et des milliers de kilomètres de transport.

Peu de raisons d'espérer

Nos sociétés sont confrontées à la contradiction fondamentale entre l'explosion des richesses d'un côté et de l'autre l'incapacité à changer nos mentalités, toujours emprisonnées dans la culture de la réussite et de la privation. Deux hypothèques pèsent sur l'économie : la malédiction de la pénurie et l'idéologie chrématistique.

La malédiction de la pénurie est celle qui tenaille l'homme depuis toujours. La faim, la soif, la maladie. La vie de l'homme (et probablement de tout être vivant) est un combat permanent contre ces malédictions. La culture humaine est profondément imbue de l'obligation de l'effort, des sacrifices. « Tu gagneras ton pain à la sueur de ton front » en est la traduction religieuse, « travailler plus pour gagner plus » en est son sous-dérivé politique. Cette malédiction est constamment renouvelée. Il y a toujours quelqu'un pour culpabiliser l'homme qui profite de la solidarité de ses semblables ou le malheureux qui, pour avoir de quoi manger, met le feu à quelques arpents de forêt.

La chrématistique, c'est fantastique. Qu'est-ce que la chrématistique ? Aristote distinguait l'économie et la chrématistique. La première est, littéralement « l'art de gérer la maison », la seconde est « l'art de s'enrichir ». La chrématistique peut être bonne et salutaire lorsqu'elle est tournée vers l'amélioration de la production et des conditions de vie. Elle est détestable et condamnable lorsqu'elle ne tend qu'à l'enrichissement comme fin en soi. Cette chrématistique-là a été condamnée par Aristote, puis par Thomas d'Aquin qui a fait de la méfiance vis-à-vis de la richesse, une des bases de la morale économique chrétienne pendant des siècles.

L'économie moderne a fait sauter cette distinction. La chrématistique est toujours bonne. Nos contemporains cinéphiles et anglophones connaissent la chrématistique sous un autre nom : le « *greed* », dont le héros du film *Wall Street*, Gordon Gekko, fait l'éloge dans une tirade célèbre : « *greed is good* ». Le *greed*, c'est l'avidité, la voracité, la faim de réussite. En anglais, c'est aussi un des sept péchés capitaux, l'avarice. Le *greed* a été mis au service de la lutte contre la pénurie et il a réussi. Les inégalités, l'égoïsme ont été adoptés et acceptés comme mode d'organisation sociale parce que justement ils ont permis l'explosion de la production et de la consommation. Il faudrait être aveugle ou totalement idiot pour ne pas saisir l'évidence des progrès accomplis. Les Soviétiques qui ont écarté le *greed* de leur système en ont payé le prix.

Aujourd'hui, comme le pensait Keynes, nous pourrions nous rendre compte de la vacuité de ces valeurs et les remettre à leur place, au rang d'*inclinations à demi-criminelles et à demi-pathologiques*. C'est peine perdue car l'étrange synergie qui relie les deux hypothèques est le credo qui domine le monde. Il faut que la peur de la pénurie soit rendue permanente pour que l'idéologie du travail, de l'égoïsme et de la réussite individuelle continue de s'imposer. Aujourd'hui, nous pourrions être sur le point de réaliser le monde dont Keynes avait pressenti l'émergence dès les années 1930, mais l'inertie des croyances et des intérêts nous empêche de franchir le pas, voire d'y penser. La crise que nous vivons depuis des décennies est le résultat de cette aberration.

Alors même que nous sommes sur le point de remporter la bataille contre la pénurie, voilà que nous nous rendons compte que nous avons poussé le matérialisme et l'hédonisme trop loin. Alors que la richesse produite par l'homme se déverse sur le monde au point de l'étouffer, voilà que nous nous rendons compte qu'elle ne débouche que sur des inégalités ahurissantes.

Notre idéologie économique a fait des « riches » de véritables stars. Bill Gates ou Steve Jobs sont nos héros. Des hommes, pourtant médiocres, comme Silvio Berlusconi ou Donald Trump accèdent au pouvoir avec un programme simple où l'argent tient lieu d'argument électoral incontournable. Pourtant ces hommes sont l'image même de la vacuité de la richesse, si on la perçoit de manière exclusivement individualiste. Bill Gates est à la tête d'une fortune qu'il ne peut *physiquement* pas dépenser. 60 milliards, si on fait un calcul rapide en estimant qu'il lui reste vingt ans à vivre, c'est 342 000 dollars à dépenser à l'heure. 5 700 dollars à la minute. Pour acheter quoi ? Une nouvelle maison ? Une nouvelle voiture ? Il n'aurait de toute manière pas le temps d'y habiter ou de la conduire. Il pourrait bien évidemment léguer ça à ses enfants, mais il a compris qu'une partie infime de sa fortune suffirait à faire leur malheur sur plusieurs générations. Il a donc pris la seule décision sage possible : donner sa fortune. Les obtus pensent qu'il a fait ça pour éviter de tomber dans les pièges du fisc. Non, il a fait ça parce qu'il n'y a rien d'autre à faire avec une telle richesse.

Dans le pays phare de notre monde, les États-Unis, les inégalités ont dépassé toutes les bornes notamment celles de la décence. La moitié la moins riche de la population du pays gagne en moyenne 16 000 dollars, *la même somme qu'en 1970*. Le 1 %, les plus riches ont un revenu moyen qui est passé de 27 fois cette somme en 1970, à 87 fois aujourd'hui. En termes globaux, le 1 % le plus riche de la population gagne quasiment *le double* des 50 % les plus pauvres (12 et 20 %). Et que disent nos économistes du haut de leur science et leurs moyennes imbéciles ? « Les Français gagnent 30 % de moins que les Américains, car ils travaillent 30 % de moins. » (Cahuc, Zylberberg et Blanchard[142]). Si le 1 % d'Américains

142. « Détaxation coûteuse et aléatoire », Olivier Blanchard, Pierre Cahuc et André Zylberberg, *Le Monde*, 5 juin 2007.

les plus riches gagne 87 fois plus que les 50 % les plus pauvres, c'est donc sans doute parce qu'ils travaillent 696 heures par jour. Einstein disait « Deux choses sont infinies : l'Univers et la bêtise humaine. Mais en ce qui concerne l'Univers, je n'en ai pas encore acquis la certitude absolue. » La bêtise de certains économistes n'est pas seulement infinie, elle est, en plus, en expansion permanente.

Nous aurions aujourd'hui les moyens de vivre correctement si les richesses disponibles étaient distribuées *un peu plus* équitablement. Et bien non. Alors que les uns accumulent les richesses au-delà de toute logique (et de toute capacité humaine à en profiter !), les autres sont condamnés à un travail harassant que plus rien ne justifie ou, encore pire, à la recherche encore plus harassante d'un emploi raréfié et à l'ignominie de l'*assistanat.*

Le bonheur, c'est dur. Le lecteur exténué pourrait se dire. « Au diable l'économie, parlez-nous de bonheur. » Il se trouve que des économistes ont commencé à étudier depuis quelques années le problème du bonheur. Jusqu'à présent, l'économie dominante ne connaissait que le plaisir ; elle laissait sous-entendre que le bonheur c'est l'accumulation de plaisirs.

À la télévision et dans les médias, on ne connaissait du problème que la sinistre pantalonnade du Bhoutan qui calcule le « BNB », le bonheur national brut. Qu'ont découvert ces économistes vaillants et excentriques ? Ils ont découvert deux choses : une banalité et une horreur.

Tout d'abord, ils ont découvert que « l'argent ne fait pas le bonheur », mais seulement à partir d'un certain seuil de revenu. Au-delà de ce seuil, avoir plus n'est pas perçu comme ayant un impact bénéfique quelconque. Angus Deaton estime que ce seuil, pour les États-Unis, est de l'ordre de 75 000 dollars par an. Quelque 5 500 euros par mois. Si vous gagnez plus, laissez tomber, cela ne sert à rien. Bien entendu, ce seuil change selon le pays. Plus le pays est pauvre plus le seuil sera bas.

La deuxième découverte est assez terrifiante. Des études effectuées, il résulte que le sentiment de bonheur (on est là, bien entendu, dans le *perçu*) est relatif. Si on vit au milieu de malheureux et qu'on a la chance de ne pas l'être complètement, on se sent heureux. *A contrario*, « être bien » au milieu de gens qui vont bien ne procure aucun sentiment de bonheur. C'est ce qu'a constaté, par exemple, Sir Richard Layard, professeur à la London School of Economics : « Nous ne sommes heureux que si nous gagnons plus que notre voisin, plus que notre beau-frère. Notre satisfaction ne se trouve pas dans nos conditions d'existence, nos conditions de vie, mais dans la comparaison avec notre entourage. [...] Quelle consécration lorsque nous découvrons que nous avons mieux réussi que notre ancien camarade d'école et que nous arrivons à une réunion d'anciens élèves avec notre voiture de marque allemande[143]. » L'homme est donc une sale bête, comme l'avait bien senti Keynes. Lucie Davoine cite un sondage fait dans plusieurs pays

143. *Le Prix du bonheur*, Sir Richard Layard, Armand Colin, 2007.

auprès de 15 000 personnes à qui l'on a demandé : « Préférez-vous gagner 100 000 euros, mais que tout le monde gagne 200 000 euros, ou gagner 50 000 euros mais que tout le monde gagne 25 000 euros ? » 70 % des sondés ont choisi la deuxième option[144].

Le reste est bien connu des philosophes. Le bonheur n'est pas une question d'avoir, de possession ou de jouissance. Le bonheur est une tension, un effort. « Le meilleur moment, c'est quand on monte l'escalier », comme disait un coquin. Jean Fourastié, en conclusion de son célèbre ouvrage sur les Trente Glorieuses, finit sur cette considération : ce qui a fait de l'après-guerre un moment de bonheur réel, ce n'est pas tant que les hommes ont accédé à de nouvelles consommations mais qu'ils ont fait un effort pour y accéder.

La crise, c'est l'absence de ce sentiment. La crise, c'est l'impossibilité de ce sentiment. Les gens qui s'agglutinaient dans les bidonvilles autour de Paris dans les années 1960 n'étaient pas malheureux. Ils trimaient dur et ils avaient l'espoir, la *certitude* même, de s'en sortir. Avons-nous encore quelque chose à construire ? En 1997, nous avons publié un petit essai au titre explicite : *La Défaite du travail*[145]. Nous avions constaté à l'époque que le travail était éclaté, et que *l'archipel du travail* comportait trois grandes îles. Le travail dévalorisé, le travail de valorisation, et le travail palliatif. Le travail *dévalorisé* est l'ancien travail productif de plus en plus

144. *Économie du bonheur*, La Découverte, 2012.

145. Michel Musolino, *La Défaite du travail*, Éditions l'Écarts, 1997.

remplacé par la machine. Il n'est rentable que s'il est bon marché. Le travail *de valorisation* est celui qui crée encore de la valeur : en éliminant du travail (ingénieurs en robotique) ou en valorisant les produits (publicitaires et communicants, designers...).

De l'affrontement entre ces deux types de travail (où le but de l'un est de réduire l'autre) surgit une troisième forme de travail : le travail *palliatif*, qui est destiné à occuper et non à produire, il est comme les soins du même nom : il ne sert à rien mais on le pratique quand même. En effet, le capitalisme est confronté à cette contradiction, que Guy Debord avait bien vue : « Avec l'automation, [...] l'instrumentation technique qui supprime objectivement le travail doit en même temps conserver le travail comme marchandise, et seul lieu de naissance de la marchandise. »[146] Cela signifie en clair que si le travail en tant qu'activité productive est de moins en moins nécessaire, il reste incontournable comme fondement de la société marchande.

Bullshit jobs et boulots de merde. Certains économistes qui, comme Nicolas Bouzou, contemplent extasiés la création d'emplois de « prof de zumba » et de « coach de plage », devraient lire David Graeber. Ce professeur d'anthropologie de la London School of Economics a écrit un article consacré aux « *Bullshit jobs* » (jobs à la

146. *La société du spectacle, Op. cit.*

con)[147] : il appelle ainsi cette infinie variété d'emplois administratifs, de consultants, de communicants qui ont un point commun : ils ne servent à rien, sinon à donner « le sentiment d'occuper un emploi dénué de sens… la technologie a été manipulée pour trouver des moyens de nous faire travailler plus », énonce Graeber. « Pour y arriver, des emplois ont dû être créés qui sont par définition, inutiles. »

En France, Julien Brygo et Olivier Cyran ont trouvé un autre filon en voie d'expansion : celui des emplois, de plus en plus nombreux, lamentables, précaires et mal rémunérés[148] : les « boulots de merde ». Des emplois extraordinaires comme coursier dans une grande ville, qui consiste à risquer de mourir pour une course à 5 euros ; ou gardien de nuit, qui consiste à regarder pendant 8 heures un écran dans lequel il ne se passe rien sans vous endormir. Parce que si vous vous endormez, vous êtes viré. Le salaire de l'ennui et le *salaire de la peur.*

Il est des moments où l'histoire s'amuse à faire des pieds de nez sous la forme de coïncidences troublantes : en janvier 2014, Jean Sarkozy, en tant que vice-président du conseil général des Hauts-de-Seine a inauguré en grande pompe l'installation au CNIT (Centre des *nouvelles industries et technologies !*) d'un stand de *cireurs*. Cireur ? On avait en effet appris, grâce à Aquilino Morelle, que le métier existait encore. *Le Figaro* est enthousiaste :

147. « On the Phenomenon of Bullshit Jobs », *strikemag.org*, 17 août 2013.

148. *Boulots de merde !*, Julien Brygo et Olivier Cyran, La Découverte, 2016.

« Cireur de chaussures : un métier chic qui fait peau neuve[149] ». Soyons enthousiastes, le Moyen-Âge c'est pour bientôt !

149. « Cireur de chaussures : un métier chic qui fait peau neuve », Anaïs Mustière, *Le Figaro*, 18 avril 2014.

Conclusion

J'ai vécu plusieurs catastrophes dans ma vie,
dont certaines se sont réellement produites.

Oscar Wilde

Nous vivons une époque qui ne laisse guère de place à l'optimisme. Des catastrophes se sont produites et d'autres nous menacent. La France semble égarée, vilipendée et agressée par ses propres enfants. L'Europe, en qui beaucoup ont cru et croient encore, prend chaque jour d'avantage des allures de *Titanic*. En étant optimistes, on pourrait croire que les problèmes actuels peuvent déboucher sur des évolutions salutaires. La sortie du Royaume-Uni de l'Union européenne pourrait être l'occasion de redonner au « projet » européen quelques ambitions, tout comme le « retrait » de l'Amérique de Trump.

Le 4 juin 1944, Churchill a dit à de Gaulle, en face-à-face : « Chaque fois qu'il nous faudra choisir entre l'Europe et le grand large, nous choisirons le grand large ! » Le Général ne l'a jamais oublié et il s'est toujours fermement opposé à l'entrée du Royaume-Uni dans la CEE. Son entrée dans l'UE a été, notamment avec l'arrivée de Thatcher au pouvoir, une des causes, peut-être la principale, de l'involution néolibérale de l'Union. Si elle est devenue un « grand marché » et rien d'autre, c'est parce que depuis Thatcher et son « *I want my money back* », on ne va pas à Bruxelles avec des projets mais avec une machine à calculer. La seule « construction » de cette période a été l'euro, à laquelle, heureusement, l'Angleterre s'est bien gardée de participer. Trump renoue avec la tradition isolationniste républicaine des années 1920 (il en reprend même le slogan *America first*) qui avaient poussé ce pays à ne pas ratifier les traités de paix et à ne pas faire partie de la Société des Nations avec les conséquences que l'on sait.

L'Angleterre coupe les amarres et rejoint le grand large. L'Amérique se retire. Soit. À défaut de réaction européenne, il est probable que ces évènements ne débouchent que sur le repli sur soi et l'égoïsme généralisés. Face aux urgences, il faut du courage, de la folie même. Revenons à Churchill et de Gaulle. Quatre ans avant, en juin 1940, au moment où la catastrophe se consommait en France, ils avaient imaginé avec Jean Monnet un projet fou pour éviter le pire et le déshonneur : la fusion de la France et de l'Angleterre dans une *seule et unique nation.* « Quelque chose d'énorme », selon les mots du Général. Le texte était prêt, déjà approuvé par la Chambre des communes, il ne manquait que le paraphe du chef du gouvernement français, mais lorsque de Gaulle s'apprêtait à quitter Londres, les pleins pouvoirs étaient donnés à Pétain. Notre monde est incapable de cette hardiesse. À Bruxelles, les machines à calculer n'ont pas fini de crépiter.

Nous avons essayé, dans les limites de nos capacités, d'apporter une petite pierre à un projet bien fragile : celui d'une compréhension un peu meilleure de notre époque. Si, d'une manière ou d'une autre, le lecteur a entr'aperçu la possibilité de s'extraire de cette « glu qui freine nos pas » qu'est l'économie dominante, nous aurions atteint un objectif appréciable.

L'économie, si on la prend pour ce qu'elle est, c'est-à-dire une *science humaine* est capable de nous donner, non seulement les moyens de comprendre mais également quelques pistes pour agir. Bien entendu, la voie est bien étroite entre les prêtres du sacrifice et les gourous des « y'a qu'à ». Il y a toujours un chemin, fut-il escarpé, pour échapper au renoncement.

André Piettre et Karl Polanyi ont montré comment l'économie, qui a été pendant des siècles une discipline subalterne et soumise, s'est peu à peu émancipée de la tutelle que la politique, la religion, l'éthique exerçaient sur elle. Dans un monde où notre vie et notre avenir semblent suspendus à quelques décimales de point de croissance, il serait souhaitable de remettre l'économie à sa place. Celle d'une discipline capable de produire tous les exploits sauf un : donner un sens à nos vies. L'économie est la discipline des moyens et non des fins. La réponse aux grands enjeux du monde actuel ne peut être que politique. L'économie, c'est de l'intendance et, comme disait de Gaulle, si on a la volonté « l'intendance suivra ».

Keynes, à la fin de *Perspectives pour nos petits-enfants*, l'avait bien compris : « Mais, surtout, ne nous exagérons pas l'importance du problème économique, ne sacrifions pas à ses nécessités supposées d'autres affaires d'une portée plus grande et plus permanente. » Il concluait sur un vœu auquel nous ne pouvons que souscrire : « Si les économistes pouvaient parvenir à se faire considérer comme des gens humbles et compétents, sur le même pied que les dentistes, ce serait merveilleux. »

Table des matières